CLEFS DES SYMBOLES

BESOINS EN LUMIÈRE

Plein soleil

A l'abri du soleil ou à mi-ombre

Ombre

CARACTÈRES SPÉCIFIQUES

Plantes de plaines et de collines

Plantes poussant jusqu'à 2 500 m

Plantes poussant à plus de 2 500 m

SOL NÉCESSAIRE

Sol léger, sableux

Sol caillouteux

Sol humifère

BESOINS EN EAU

Arrosage parcimonieux

Arrosage modéré

Arrosage abondant

LE JARDIN DE ROCAILLE

LE JARDIN DE ROCAILLE

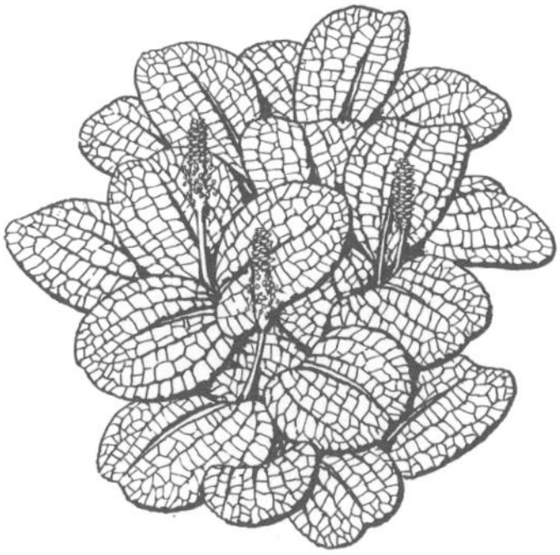

Texte original de Vlasta Vodičková
Adaptation française de Marie-Jo Dubourg
Illustrations de Petr Liška

L'AMI DU JARDINIER
au jardin

Adaptation française de Marie-Jo Dubourg
Texte original de Vlasta Vodičková
Illustrations de Petr Liška

Conception graphique et réalisation PAO de Ipso Facto

Première édition française 1995 par Librairie Gründ, Paris

ISBN : 2-7000-3705-7
Dépôt légal : mars 1995
Edition originale 1995 par Brio, Prague
sous le titre original *Skalky a Skalničky*

Imprimé en République tchèque

Sommaire

Création d'une rocaille

Une rocaille est sans doute la partie la plus attrayante d'un jardin, grand ou petit, ou même d'un balcon ou d'une terrasse. Dans un espace réduit, vous pouvez réunir un grand nombre de plantes vivaces qui, associées à des pierres soigneusement choisies, constitueront un ensemble très esthétique.

En plaçant la rocaille de manière à ce qu'elle se marie avec le terrain environnant, vous pouvez même accentuer l'effet et créer un coin de nature d'une inhabituelle beauté, non seulement par la couleur des fleurs, mais aussi par la variété de forme des divers groupes de plantes renforcée par la beauté rude des pierres.

Les plantes dites de rocaille ne forment pas un ensemble systématique, au contraire elles appartiennent aux familles et aux ordres les plus variés. Mais, caractéristique commune, toutes sont des plantes vivaces, généralement de petite taille, bien souvent à feuillage persistant et qui poussent dans les endroits rocheux ou pierreux à diverses altitudes. Les plantes de rocaille proviennent des étages de végétation subalpin et alpin où elles poussent sur les collines, pentes, moraines, éboulis et dans les fissures de la roche nue. Les influences climatiques particulières régnant en de tels lieux ont forgé leurs formes et leurs exigences de culture. Dans un sens plus large, nous classons aussi parmi les plantes de rocaille quelques petits bulbes et diverses espèces de plantes herbacées ou ligneuses qu'on trouve dans les steppes, marais, landes à bruyère

Rocaille architecturale

et forêts et qui peuvent pousser directement dans une rocaille ou à proximité.

La création d'une rocaille n'est pas chose facile. Vous ne devez pas seulement la construire et la planter, mais aussi l'entretenir le plus rapidement possible. Bien longtemps à l'avance, il vous faut réfléchir à son emplacement, à sa taille, à sa forme, au matériau à utiliser et aux plantes que vous voulez y cultiver. Cette réflexion préliminaire sera récompensée : la rocaille deviendra une source de joie et non de désagréments ou de travail pénible.

La rocaille peut être associée à une partie boisée du jardin, qui lui servira de cadre. Le voisinage des arbres est également apprécié par les plantes d'ombre et de mi-ombre.

Vous voudriez avoir une rocaille mais vous n'avez pas de jardin ? Pourquoi ne pas utiliser votre terrasse ou votre petit balcon ? Une vasque ou toute autre jardinière adaptée conviendront pour créer une petite rocaille agréable à regarder. Les rocailles en bacs à fleurs, voire de petits parterres rocheux, peuvent aussi être placés sur les toits plats d'immeubles. Et si vous n'avez pas de balcon non plus, il vous reste la possibilité de créer une rocaille miniature dans une fenêtre à fleurs. La seule chose que vous ne puissiez faire, c'est de cultiver des plantes de rocaille dans un intérieur.

La première étape de la construction d'une rocaille consiste à réfléchir d'abord à l'endroit qu'elle doit occuper dans le jardin. Il est préférable de la séparer des bâtiments, clôtures, potager et verger par quelques plantes ligneuses. Pour cela, choisissez des espèces pas très hautes, à feuillage persistant, qui rempliront leur tâche même en hiver – conifères, arbres ou arbustes feuillus persistants. Evitez d'employer des cultivars à feuillage panaché et des arbustes à trop grandes fleurs. La rocaille doit être entourée d'un espace libre, de préférence une pelouse bien entretenue, où l'on pourra planter des spécimens isolés ou de petits groupes de plantes ligneuses. Ne placez pas la rocaille directement sous les arbres. Il est difficile de trouver un terrain idéal dans votre jardin, c'est-à-dire une pente naturelle exposée au sud, un sol avec ruptures de pente, un ruisseau, voire un affleurement rocheux.

Style et disposition

Il existe divers types de rocaille, par exemple une rocaille avec une architecture rigoureuse, une rocaille étagée ou une rocaille pierreuse. Assez exceptionnellement se rencontrent des rocailles que l'on peut appeler "préfabriquées", construites avec divers éléments comme des blocs ou des dalles de béton, des éléments en céramique, des poutrelles de béton ou des pavés. Mais la plupart des rocailles sont créées dans un style naturel : on pourrait dire que le jardinier essaie de copier la nature. Si vous observez la disposition des pierres sur le flanc d'une montagne et dans les affleurements rocheux et la façon dont les plantes poussent entre et sur les rochers, vous apprendrez certainement comment constituer une belle rocaille.

Emplacement

Il est facile de construire une rocaille sur un terrain en pente. Comme vous ne pouvez guère changer l'orientation de la pente, il vous faut choisir les espèces de plantes et les entretenir en conséquence. Dans ce cas il est même possible d'avoir une rocaille orientée au sud. On pense généralement que la meilleure situation est une pente orientée légèrement à l'est ou au sud-est car le soleil matinal n'abîme pas les plantes et leur floraison sera longue et belle. Lorsque vous créez une rocaille artificielle, veillez à ce que la pente à l'est soit légère et longue, tandis que les autres parties seront plus raides et plus courtes.

Rocaille sur pente artificielle

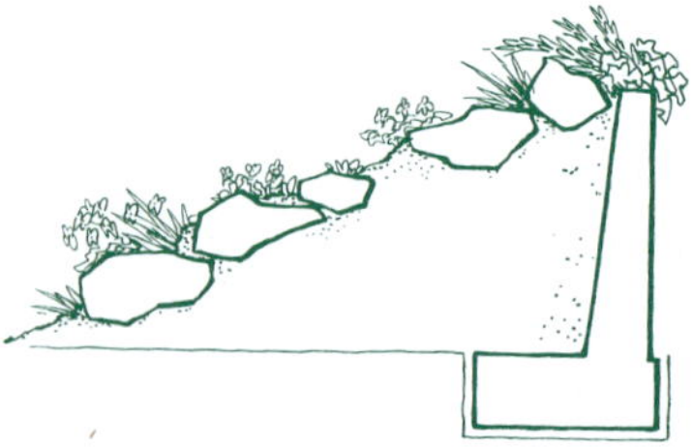

Rocaille dans une légère dépression artificielle

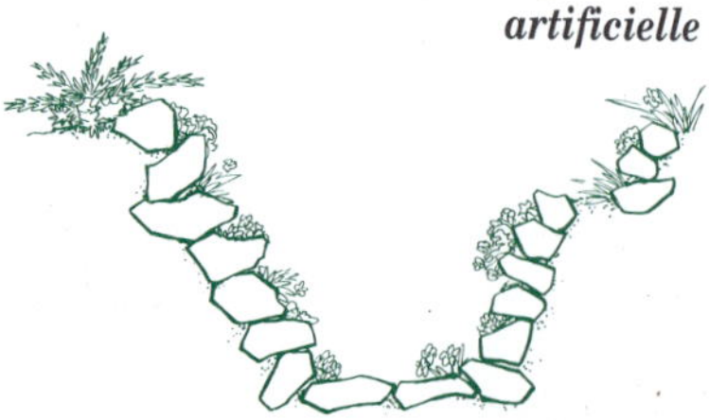

Rocaille en massif

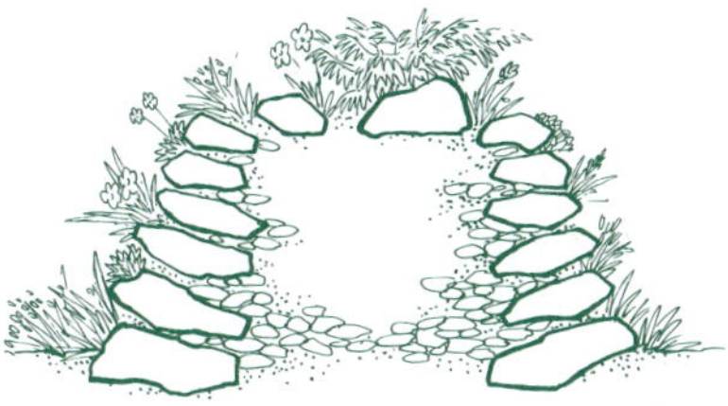

Si votre terrain est plat, faites d'abord une butte de terre avec un mur de soutènement. Le mur sera couvert ou caché par des plantes ligneuses. Vous pouvez aussi construire un parterre de pierres ou un parterre surélevé en terrain plat, ce qui est plus facile à réaliser et très pratique.

Préparation du terrain

L'espace que vous voulez utiliser pour votre rocaille doit être bien nettoyé. Il devra rester tel quel pendant un certain temps, avant que vous n'installiez la couche drainante et ne mettiez en place le mélange de terre de base. Vous pouvez vous passer de drainage si le sol est perméable, sableux, mais il est indispensable en sol lourd et compact. Ce drainage sera constitué de scories grossières, de fragments de briques et de tuiles, de gravats et graviers. Le substrat de base sera une terre non fumée ou une terre de gazon, additionnée de sable de rivière non lavé et de pierre concassée ; en sol argileux, vous augmenterez la quantité de pierre concassée. Vous laisserez ensuite le mélange de terre se tasser pendant quelque temps.

Choix des pierres

La pierre est un ornement important dans l'esthétique de la rocaille. Réfléchissez bien avant de choisir votre pierre car certains types de roche s'altèrent et se désagrègent trop rapidement. Certaines pierres d'argile produisent un bel effet : elles paraissent comme vieillies par les intempéries en 3-4 ans.

Les pierres et le rocher concassé nécessaires peuvent être obtenus dans une carrière ou dans les champs. Prélever des cailloux dans d'autres lieux peut vous mettre en conflit avec des protecteurs de la nature car les tas de cailloux constituent un milieu de vie très important pour de nombreux animaux. Choisissez des pierres de différentes tailles, altérées par les intempéries ou grossièrement travaillées, du moins sur la face qui sera visible. De telles pierres paraissent naturelles tandis que celles à angles vifs, fraîchement extraites d'une carrière, ne conviennent pas.

Lorsque vous placez les pierres dans le sol, enfouissez-les d'environ un tiers afin qu'elles soient stables. Veillez aussi à ce que les pierres ne soient pas trop proches les unes des autres. Vous préférerez les pierres plates pour construire des murets fleuris. Les grosses pierres sont généralement placées à la base de la future rocaille, très rarement en haut.

Modelage du terrain

Mieux vaut commencer la construction en automne pour permettre au sol et aux pierres de se stabiliser pendant l'hiver et procéder aux dernières retouches, si nécessaire, au printemps. Mais si vous construisez à une autre saison, arrosez copieusement le sol pour qu'il se tasse bien. Le tas de terre que vous préparez pour votre rocaille sera modelé en pentes, sommets, élévations et vallées. Ne faites jamais une pente trop raide, ni des collines trop arrondies avec des pierres à intervalles réguliers. Bien sûr, dans une grande rocaille on dispose de plus de place pour articuler les formes de façon esthétique, mais même une petite rocaille peut offrir un relief intéressant. Toutes les parties de la rocaille doivent être d'accès aisé, pour faciliter l'entretien et l'observation des plantes. Pavez les chemins avec

Rocaille sur pierres verticales

des pierres plates disséminées dans des tapis de plantes supportant le piétinement. Le matériau de ces pas japonais sera le même que celui de la rocaille. Les pierres ne seront pas placées en ligne droite, ni à intervalles réguliers, et le chemin sera incurvé pour que toutes les parties de la rocaille

Disposition des pierres

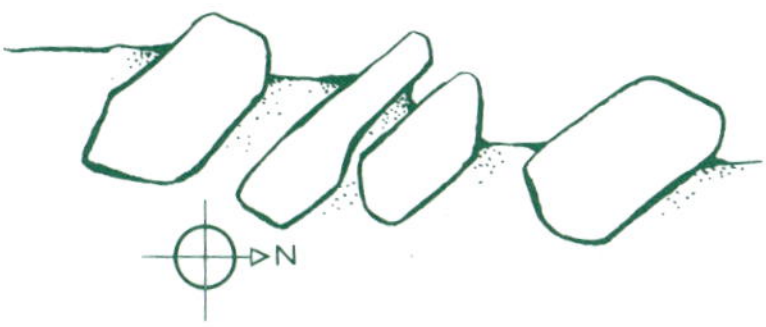

soient d'accès facile. N'utilisez jamais de dalles en béton ou autre matériau préfabriqué, ni des découpes de bois. Les gradins seront disposés verticalement ou presque horizontalement, comme dans la nature.
Les crevasses entre les rochers seront remplies de terre ; si vous choisissez de placer les pierres verticalement, placez un caillou plus petit sous chaque plante pour éviter que la terre ne soit lessivée par la suite.

Plantation

La pierre est un matériau très décoratif – aussi même une rocaille bien établie et non plantée peut être esthétique. Comme la rocaille doit être attrayante toute l'année, vous devrez y mettre des plantes de tailles et de couleurs diverses et fleurissant à des périodes différentes. L'effet sera plus beau et plus attrayant si vous plantez plusieurs pieds de la même espèce au même endroit plutôt que des pieds isolés d'espèces différentes. Par ailleurs, une plantation trop serrée ou au contraire trop clairsemée n'est pas très belle. Avant de les mettre en place, obtenez le maximum d'informations sur les plantes que vous voulez cultiver : outre leur nom scientifique, vous devrez aussi connaître leur lieu d'origine et les conditions dans lesquelles elles vivent à l'état sauvage, afin de pouvoir leur fournir tout ce dont elles ont besoin dans la rocaille.
A l'aide d'une petite pelle faites un trou dans le sol, étalez correctement les racines de la plante et recouvrez-les de terre. Le collet des plantes et les espaces libres entre elles doivent être entourés ou recouverts de gravier fin (drainage supérieur), dans le même matériau que celui employé pour la rocaille. Ce drainage est tout aussi important que la couche drainante du fond car il maintient l'eau près des racines tout en protégeant les collets de l'humidité, donc de la pourriture. Lors d'une forte pluie, il empêche aussi que le sol ne soit lessivé et les plantes salies par la boue. L'aspect de la rocaille en sera plus esthétique et naturel.

Les parties basses d'une rocaille peuvent être agrémentées d'un petit bassin dont la taille doit être proportionnée à celle de la rocaille (en général 1 à 3 m^2). On peut y mettre de petites plantes qui ne devront pas couvrir toute la surface de l'eau.

Plantes de montagne et de haute montagne

Les plantes de haute montagne comptent parmi les plus belles plantes de rocaille. Elles sont gracieuses non seulement par leurs fleurs, souvent grandes et très colorées, sur des pédoncules courts, mais aussi parce qu'elles poussent généralement en tapis ou coussins denses et compacts. Elles ont souvent des feuilles velues à feutrées, parfois coriaces.

Elles vivent généralement dans les prairies de haute montagne (étage alpin) ou au-dessus de la forêt et des arbres rabougris (étage subalpin). L'altitude de l'étage alpin varie en fonction des massifs montagneux : dans les Alpes, il s'étend de 2 150 à 2 750 m, dans les Pyrénées, de 2 900 à 3 000 m mais aussi en fonction de la morphologie du terrain.

L'étage de végétation le plus élevé est l'étage nival qui s'achève au pied des parois rocheuses abruptes et des neiges éternelles. Dans sa partie basse vous ne trouvez pas une couverture végétale continue mais des touffes de belles plantes de rocaille, ici et là, parmi les pierres.

Les plantes de haute montagne vivent dans des conditions spécifiques qui sont à l'origine de leur végétation basse et compacte. Ici, les conditions climatiques se révèlent déterminantes. Le manque d'éléments nutritifs dans le sol est un autre facteur important. Les plantes de haute montagne sont accoutumées à une atmosphère propre, non polluée et à une période de végétation courte.

Il est assez difficile, sinon impossible, de fournir aux plantes d'une rocaille des conditions similaires (malgré tous vos efforts, vous ne pourrez leur donner un air pur et une épaisse couverture de neige). Mais vous devez du moins essayer d'adoucir les durs effets de l'environnement local et permettre aux plantes de s'acclimater le mieux possible. Ne placez jamais les plantes de haute montagne en plein soleil, celui-ci, dans les conditions de plaine sans vent et sans précipitations suffisantes, les brûlerait ou les dessécherait, choisissez toujours des endroits dos au soleil. Cela entraîne qu'elles ne doivent pas être plantées dans des rocailles orientées au sud. Cultivez-les dans un sol pierreux, perméable et non dans un substrat argileux, fertile et riche. La meilleure terre est un mélange de terreau de feuilles, de litière forestière, de gravier et de sable. Les espèces calcicoles doivent recevoir en outre de la calcite et du calcaire, les plantes calcifuges, par contre, recevront de la tourbe. Les plantes de rocaille ne doivent pas être nourries avec des engrais chimiques mais vous pouvez fertiliser le substrat avec de la bouse de vache séchée et émiettée.

Dans une rocaille, les plantes de haute montagne se plaisent surtout dans des crevasses, parmi les pierres et dans le gravier, là où le sol ne sèche pas trop rapidement mais, en même temps, là où l'excédent d'eau n'est pas retenu. Ces plantes n'aiment pas beaucoup nos hivers de plaine où les chutes de neige alternent avec la pluie et un froid sec. Si elles ne sont pas en fissures et crevasses, les espèces sensibles doivent être couvertes de branchages, certaines même d'une vitre pour les protéger du froid sec et de l'humidité permanente en hiver. Il sera préférable de cultiver dans une serre les espèces particulièrement sensibles. En dépit de tous vos soins, certaines plantes ne vivront pas longtemps en rocaille. Mieux vaudra alors renoncer et concentrer vos efforts sur des espèces moins fragiles.

Protection par une vitre

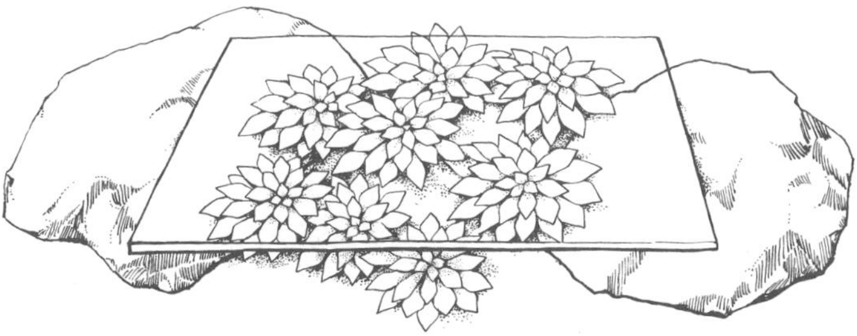

Plantes poussant de 3 600 à 3 800 m

Elles habitent les éboulis. En rocaille, il faut donc leur procurer un bon drainage, dessous et dessus.

Draba aizoides

La Drave faux-aizoon

Cette plante de 5 cm de haut, en coussins, a des feuilles étroites, à cils hérissés, disposées en rosette basale, et une tige dressée, sans feuilles, portant au sommet un racème compact de fleurs jaunes. L'inflorescence s'allonge de 10 cm environ après la floraison. Le fruit est une silicule avec un style de 1,5 à 3 mm de long.

Cette espèce pousse dans les hautes montagnes d'Europe sur un sol calcaire, dans les rochers, éboulis et fissures jusqu'à la limite des neiges (1600-3600 m). En rocaille, il faut la cultiver au soleil, en sol calcaire, bien drainé. On la multiplie par semis, par division des touffes et par boutures. Elle fleurit d'avril à juillet.

Draba aizoides

Linaria alpina **Linaria tristis**

L. tristis, espèce similaire, fleurit dans diverses couleurs. Elle provient du sud de l'Europe et du nord-ouest de l'Afrique. Il lui faut un sol sableux et beaucoup de soleil.

Primula hirsuta

Linaria alpina

La Linaire des Alpes

Cette jolie plante délicate, glabre, de 5 à 15 cm de haut est originaire des montagnes d'Europe centrale et méridionale où elle pousse sur les pentes rocheuses et dans les éboulis entre 1500 et 3800 m, mais elle peut facilement être cultivée même en plaine. Elle n'est ni exigeante, ni difficile, mais en dehors de son habitat d'origine elle se comporte comme une plante annuelle ou bisannuelle. Cependant elle se ressème toute seule et se maintient donc dans la rocaille. Elle fleurit entre juin et septembre-octobre.

Primula hirsuta

La Primevère hirsute

Cette primevère de 4 à 8 cm est originaire des Alpes et des Pyrénées. Elle pousse dans les éboulis, sur sol acide, de 1600 à 3600 m d'altitude. La tige porte une à quatre fleurs d'un rose rougeâtre. Elle doit être plantée entre les pierres, à l'abri du soleil, et le collet sera protégé de la pourriture par des gravillons. La floraison a lieu entre avril et juin. La Primevère hirsute est sensible aussi cultive-t-on plus souvent ses nombreux croisements avec *Primula auricula*, connus sous le nom *P. x pubescens*.

Plantes poussant de 3 400 à 3 500 m

Ces espèces de haute montagne poussent dans les rochers, fissures, éboulis et sur les pentes rocheuses.

Hutchinsia alpina

L'Hutchinsie des Alpes

Jolie plante sans exigences, de 4 à 8 cm de haut, originaire des montagnes d'Europe centrale et méridionale, où elle abonde. Elle s'étale en touffes lâches, dans les pierriers humides, les éboulis, les endroits où la neige a fondu, sur sol calcaire ou non calcaire, de 1 600 à 3 400 m d'altitude, mais elle descend aussi en plaine le long des ruisseaux et rivières. Les feuilles sont profondément découpées, plus ou moins charnues, disposées en rosette basale. Les tiges nues s'achèvent par un racème de fleurs blanches. Après la floraison, la tige s'allonge de 12 cm environ. Le fruit est une capsule aplatie. Cette espèce doit être cultivée à mi-ombre ; arrosée en permanence et en quantité suffisante, elle se plaira même en plein soleil. Elle fleurit de juin à septembre.

Hutchinsia alpina

H. auerswaldii, d'Espagne, forme des coussins plus denses et possède des fleurs plus grandes. *H. brevicaulis*, très compacte et qui ne dépasse guère 5 cm de haut, est originaire des hautes montagnes d'Europe et a des fleurs plus petites.

Saxifraga oppositifolia

La Saxifrage à feuilles opposées

Espèce très variable, présentant de jolis cultivars. En rocaille elle vient dans un substrat pierreux, perméable, à l'abri des rayons du soleil. On la multiplie par semis et bouturage. Elle fleurit en mai et juin.

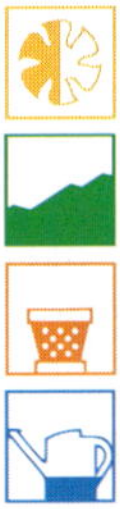

Saxifraga oppositifolia

Leontopodium nivale

Cette espèce compte parmi les plus petits edelweiss. Elle n'a que 5 à 8 cm de haut, une inflorescence de 5 cm de diamètre et présente un feutrage laineux blanc. Rare à l'état sauvage, elle convient même pour de petites rocailles et des jardinières car elle garde son port bas et son duvet blanc et laineux. Cette caractéristique la différencie du célèbre Edelweiss *(L. alpinum)*, originaire des montagnes d'Europe et qui, dans les jardins, perd son port bas et compact et son caractère feutré. Les edelweiss doivent être plantés en sol pauvre, pierreux, calcaire et à l'ombre. Ils viennent également bien dans le travertin où ils se ressèment souvent spontanément. Cette espèce se multiplie par semis (en hiver), les vieilles touffes par division au printemps. Elle fleurit généralement de juin à septembre.

Leontopodium nivale

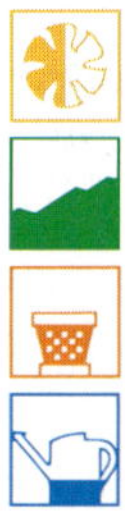

Plantes poussant de 3 300 à 3 400 m

Ce sont des habitantes typiques de la haute montagne en sol neutre à acide.

Salix herbacea

Le Saule herbacé ou Saule nain

Ce saule rampant, qui n'a que 5 à 8 cm de haut, provient des montagnes européennes et des régions boréales et arctiques d'Eurasie et d'Amérique du Nord. Il pousse en sol humide et humifère, sur les rochers, dans les éboulis et là où la neige a fondu, de 1 800 à 3 300 m d'altitude. Les capsules glabres sont rouges. Le Saule nain s'étale en grands tapis vert foncé. Il vient bien en sol humide, pierreux, humifère, à l'abri des rayons du soleil et se multiplie par division ou par bouturage. Il fleurit entre juin et août.

Salix herbacea

En sol riche et à mi-ombre, la Campanule fluette a tendance à se propager trop vigoureusement par stolons souterrains.

Campanula cochleariifolia

Campanula cochleariifolia

La Campanule fluette

Cette campanule a un rhizome très ramifié, des feuilles pétiolées, grossièrement dentelées, des tiges feuillues de 5 à 10 voire 15 cm de haut et des fleurs pendantes, bleu pâle ou blanches. La capsule présente 3 ouvertures à la base. Elle est abondante sur les rochers, dans les éboulis, les fissures rocheuses, sur sols humifères et humides des montagnes européennes. Elle descend dans les vallées, le long des ruisseaux et rivières. Plante sans exigences, elle se multiplie par division des touffes après floraison ou par semis. Elle fleurit entre juin et août.

Sempervivum montanum

Sempervivum montanum

La Joubarbe des montagnes

Cette joubarbe de 5 à 10 cm de haut existe sous de nombreuses formes et cultivars. Elle vient bien parmi les pierres en plein soleil. On la multiplie en séparant les jeunes rosettes. Elle fleurit entre juillet et septembre.

L'espèce très similaire, *S. dolomiticum*, originaire des Dolomites où elle pousse sur calcaire, ne tolère pas l'humidité hivernale : elle est donc rare dans les rocailles.

Plantes poussant à 3 200 m

Ces plantes de haute montagne poussent dans les fissures de rochers, les éboulis et en sol pierreux.

Arabis alpina

L'Arabette des Alpes

Cette plante de 8 à 20 cm, à nombreuses pousses feuillues non florifères est entièrement couverte de poils étoilés. Ses tiges dressées s'achèvent par un racème de fleurs blanches. Le fruit est une silique ayant jusqu'à 6 cm de long. L'Arabette des Alpes pousse dans les régions subarctiques d'Eurasie et d'Amérique du Nord, ainsi que dans les chaînes de montagnes européennes. Elle descend souvent en plaine le long des rivières. On la multiplie facilement par semis et par division des touffes. Elle fleurit entre avril et août. C'est une plante très fragile.

L'espèce similaire mais peu exigeante *A. caucasica (A. albida)* est souvent cultivée sous le nom *A. alpina* (Arabette du Caucase ou Corbeille d'argent). Idéale pour les pentes ensoleillées, elle résiste assez bien au gel.

Arabis alpina

Potentilla nitida

Potentilla nitida

La Potentille luisante

Cette potentille argentée a des fleurs rouge rosâtre, rarement blanches, pouvant atteindre 3 cm de diamètre. Les tiges mesurent 2 à 5 cm de haut et ne portent, la plupart du temps, qu'une seule fleur.
La Potentille luisante s'étale en tapis argentés. Le seul inconvénient est qu'elle ne fleurit pas aussi abondamment en rocaille que dans son habitat d'origine. Elle doit être plantée dans les fentes entre les pierres ou dans un sol pierreux, calcaire, en plein soleil. On la multiplie par semis en février-mars ou par division des touffes en septembre. Elle fleurit entre juin et août.

Phyteuma hemisphaericum

Phyteuma hemisphaericum

La Raiponce hémisphérique

Elle provient des Alpes, des Pyrénées, des Carpates et des Apennins et pousse dans les pierriers, les moraines et les fissures de rochers, en sol acide. Elle a 5 à 15 cm de haut, des feuilles herbacées disposées en rosette basale et des fleurs en capitule au sommet de la tige. Avant de s'ouvrir la corolle est tubuleuse et plus tard elle se divise en 5 segments dans la partie basse, le haut du tube restant soudé. Ce tube laisse sortir un long style à cinq stigmates. Cette belle plante de rocaille convient même pour les auges en pierre mais elle a une durée de vie limitée. On la multiplie par semis. Elle fleurit en juillet et août.

Plantes poussant autour de 3 000 m

Elles poussent sur sol acide dans les fissures de rochers, les éboulis humides et les moraines. Ce sont des habitantes typiques des endroits où la neige a fondu (névés).

Androsace carnea

L'Androsace couleur chair

C'est une plante de rocaille populaire, sans exigences, à feuillage persistant, atteignant 3 à 8 cm de haut. Grâce à ses stolons courts elle s'étale pour former des coussins denses. C'est une espèce très variable ; on cultive aussi *A. carnea* ssp. *briganthiaca*, qui atteint jusqu'à 10 cm de haut avec des fleurs blanches et ssp. *laggeri*, qui ne mesure que 3 à 4 cm, à fleurs roses avec un œil jaune. Il lui faut un sol pierreux, humide et elle ne doit pas être exposée au soleil. On la multiplie par division des touffes et par semis. Les fleurs s'épanouissent en avril.

Androsace carnea

*Division de la touffe d'*Androsace

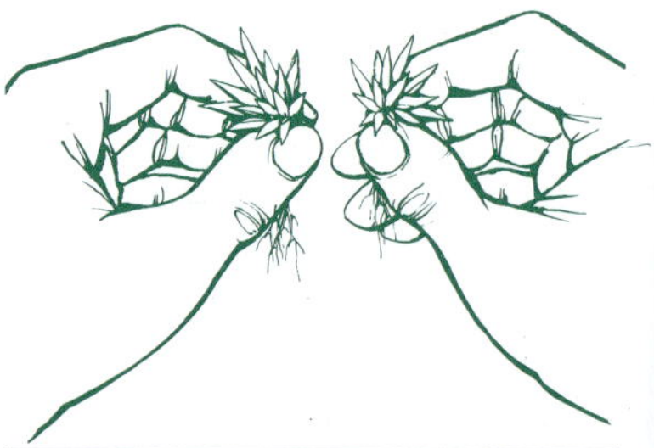

Arenaria biflora

La Sabline à deux fleurs

Cette plante, qui ne mesure que 2 cm a de longues tiges rampantes. Elle s'étale pour former des tapis lâches. Elle doit être plantée en sol humide, pierreux, à l'abri des rayons du soleil. On la multiplie par division des touffes et par semis. Elle fleurit entre juin et août.

Bistorta vivipara

Arenaria biflora

Bistorta vivipara

La Renouée vivipare

Cette plante sans exigences est originaire des vastes régions montagneuses d'Europe et d'Asie ainsi que des régions arctiques d'Eurasie et d'Amérique. Elle a un rhizome écailleux, des feuilles étroites lancéolées, à bord enroulé, vert foncé dessus et plus pâle dessous, une tige dure, non ramifiée, de 5 à 15 voire 30 cm de haut, avec un racème terminal étroit de fleurs blanches à rosâtres. Des pseudo-bulbes germent et tombent, ce qui permet à la plante de se propager spontanément.
Le fruit, une samare brillante et triangulaire, se forme rarement.
Cette renouée vient bien dans tout sol suffisamment humide, au soleil ou à mi-ombre. On la multiplie par ses pseudo-bulbes. Elle fleurit en mai et juin.

Plantes poussant jusqu'à 3 000 m

On peut les trouver dans les crevasses des rochers et les éboulis humides sur sol acide. En rocaille, il faut les planter à l'abri des rayons du soleil.

Primula minima

Cette primevère de seulement 2 à 4 cm de haut, à rhizome rampant ramifié, a des feuilles coriaces, brillantes, en forme de coin, en rosettes basales décoratives et des fleurs solitaires sur de courtes tiges.
Les fleurs rouges, exceptionnellement blanches *(P. minima* var. *alba)*, ont une gorge blanche à poils glanduleux. La forme des lobes de la corolle est très variable et le fruit est une capsule.
P. minima provient des hautes montagnes d'Europe où elle pousse dans les pierriers humides. En plaine, cette primevère ne vit pas très longtemps et sa floraison n'est pas aussi abondante que dans ses habitats alpins. Le substrat acide, pierreux, doit être enrichi de sphaignes émiettées pour maintenir l'humidité autour des racines. On multiplie cette primevère par division des touffes et par semis. Elle fleurit en juin et juillet.

Primula minima

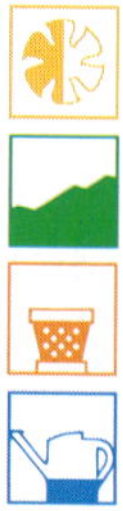

Primula minima

Vitaliana primuliflora

La Douglasia de Vital

Cette plante vivace étalée, à feuillage persistant, a des fleurs solitaires jaunes. On la multiplie par division (en février), par boutures (après la floraison) ou par semis (dès que les graines sont mûres). Elle fleurit en avril et mai et souvent une deuxième fois en automne.
Trois sous-espèces sont cultivées : ssp. *primuliflora* (la plus commune)

Vitaliana primuliflora

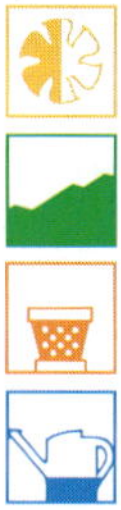

s'étale en tapis lâches, ssp. *cinerela* est plus dense et ssp. *praetutiana* est également dense et compacte. Son cultivar 'Argentea' forme des coussinets particulièrement denses et compacts.

Viola biflora

La Pensée à deux fleurs

Elle a un épais rhizome écailleux portant plusieurs feuilles dentelées, plus ou moins réniformes, et une ou plusieurs tiges montantes de 8 à 12 cm de long avec une ou deux fleurs à l'extrémité. Les fleurs régulières jaunes ont un court éperon droit. Le fruit est une capsule à 3 compartiments. Elle pousse dans les endroits humides et ombragés et dans son habitat d'origine on la trouve depuis la plaine jusqu'à 3 000 m d'altitude. On la multiplie par semis. Elle fleurit entre mai et août.

Viola biflora

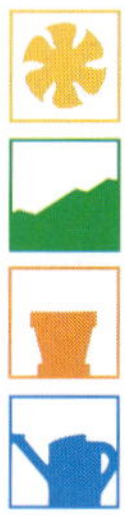

On peut les trouver très haut en montagne, sur les pelouses alpines acides, pierreuses et sèches, dans les alpages, les éboulis et les pierriers sur sol argileux.

Gentiana kochiana

La Gentiane de Koch

C'est une gentiane bien connue, à floraison printanière, ayant jusqu'à 10 cm de haut et à fleurs de 4 à 7 cm de large. Les feuilles, disposées en rosette basale plate, sont ovales-larges, succulentes (l'espèce similaire *G. clusii* a des feuilles coriaces, elliptiques-étroites), la corolle bleu profond présente des points vert-jaune à l'intérieur et le fruit est une capsule contenant des graines très fines. Il lui faut un sol argileux humide et une exposition à l'abri des rayons du soleil. Elle tolérera un peu plus de soleil si elle est suffisamment arrosée. On la multiplie par semis, dès que les graines sont mûres, ou par boutures. Elle fleurit entre mai et août.

Primula farinosa

La Primevère farineuse

Tige, pédoncules, calice et dessous des feuilles sont d'un blanc farineux (c'est-à-dire comme saupoudré de farine). Les feuilles, en rosette basale, ont des bords roulés dans leur jeune âge. La tige, de 7 à 10 voire 16 cm de haut, s'achève par une riche ombelle de fleurs violet rose à rose pourpre avec un œil jaune. Le fruit est une capsule cylindrique. Elle est originaire d'Europe et d'Asie septentrionale. Son aire de distribution est assez intéressante : elle pousse en plaine dans les prairies tourbeuses humides à marécageuses ainsi qu'en haute montagne à presque 3 000 m d'altitude, sur rochers secs et pentes herbeuses, en sol acide ou basique. En rocaille elle doit être cultivée dans un substrat tourbeux humide en permanence.

Gentiana kochiana

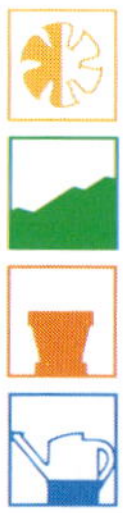

Dianthus pavonius

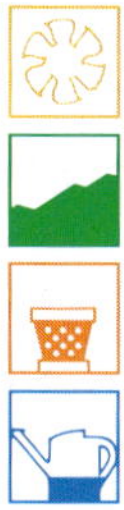

Dianthus pavonius

L'Œillet négligé

C'est une plante de 5 à 10 cm de haut formant des touffes denses,

Primula farinosa

et ses tiges dressées portent 1 à 3 fleurs d'un rouge rose au-dessus et d'un brun jaune pâle dessous. Cette espèce pousse dans les Pyrénées et les Alpes à des altitudes de 1 200 à 3 000 m. Il lui faut un sol perméable, pierreux, plutôt argileux et un emplacement ensoleillé. Elle fleurit entre juin et août.

Les œillets se multiplient facilement par semis mais ils ont tendance à se croiser spontanément ; si vous souhaitez conserver un certain taxon, il faudra le multiplier par division ou par bouturage.

On peut les trouver sur roches calcaires, dans les éboulis et les pierriers, en sol plutôt humide et humifère.

Salix reticulata

Le Saule réticulé

Cet arbuste rampant à feuillage caduc, s'étalant en tapis bas, est répandu dans l'Arctique et dans les hautes montagnes d'Eurasie et d'Amérique du Nord, dans les endroits riches en humus, à une altitude de 1 700 à 3 000 m. Il diffère du Saule herbacé *(S. herbacea)* par ses feuilles plus grandes, à veines bien visibles, vert gris dessous et à long pétiole. Les chatons aussi sont portés par de longs pétioles ; le fruit est une capsule feutrée. Il doit être cultivé en sol pierreux, perméable, humide, à l'abri du soleil. Les rameaux couchés s'enracinent souvent et il peut donc être multiplié par séparation de ces marcottes et par boutures. Cette espèce fleurit en juillet et août.

Homogyne alpina

Plante de 8 à 15 voire 30 cm, avec un long rhizome rampant, écailleux et des pousses feuillues. Les feuilles sont pétiolées, demi-coriaces, glabres dessus et parfois pourprées dessous, à bords dentés. Les tiges sont dressées et portent un capitule solitaire de 2 à 5 cm. Le fruit est un akène duveteux. Cette espèce pousse dans les forêts claires et les bosquets ombragés des montagnes d'Europe, de 500 à 3000 m d'altitude. En rocaille, elle devra être cultivée dans un sol humide et humifère, à l'abri du soleil ou à mi-ombre. Elle se propage par ses rhizomes rampants et peut être multipliée par semis ou par division. Elle fleurit entre mai et août.

Salix reticulata

Salix reticulata ***est un arbuste rampant qui s'étale en tapis bas.***

Homogyne alpina

Androsace villosa

Androsace villosa

L'Androsace velue

Cette plante de 3 à 8 cm, à poils blancs, a des feuilles disposées en petite rosette hémisphérique. Les fleurs blanches deviennent plus foncées avec l'âge et vous pouvez donc trouver des fleurs allant du blanc au rose foncé dans la même touffe. Le fruit est une capsule. La plante forme de courtes pousses aériennes terminées par des rosettes de feuilles grâce auxquelles elle s'étale en jolies touffes. Elle pousse dans les montagnes d'Europe centrale et méridionale, entre 1 200 et 3 000 m d'altitude. Elle doit être cultivée dans un sol calcaire, pierreux, bien drainé, à l'abri des rayons du soleil. On la multiplie facilement par division ou par semis dès que les graines sont mûres. Elle s'épanouit en mai et juin.

Dans les Carpates et le massif de Pirin, on trouve sa variété, *A. villosa* var. *arachnoidea (A. arachnoidea)*; celle-ci est plus velue, comme couverte de toiles d'araignée.

Plantes poussant à partir de 2 900 m

Elles poussent sur roches calcaires ensoleillées, dans les éboulis et sur les pelouses d'altitude.

Cerastium lanatum

Le Céraiste des Alpes ssp. *lanatum*

Cette plante de 5 à 10 cm, à longs poils laineux denses, présente, à côté des tiges florifères, de nombreuses rosettes de feuilles blanc laineux, sans fleurs, qui lui permettent de s'étaler en jolis tapis. Les tiges montantes portent 1 à 3 fleurs blanches et le fruit est une capsule. Ce céraiste pousse dans les hautes montagnes d'Europe, dans les régions arctiques d'Eurasie et d'Amérique du Nord, sur calcaire ou sur sol acide. En rocaille, il doit

Division d'une véronique

Cerastium lanatum

Veronica fruticans

Helianthemum alpestre

être cultivé dans un sol perméable, pierreux, à l'abri des rayons du soleil. On le multiplie par division ou par semis ; parfois il se ressème tout seul. La floraison a lieu en juin et juillet-août.

Veronica fruticans

La Véronique des rochers

Cette véronique de 5 à 10 voire 15 cm forme des touffes libres. Le rhizome et les tiges deviennent ligneux à la base. La plante se ramifie beaucoup. La corolle rotacée a 4 lobes, elle est bleu azur cerclée de rouge autour de la gorge. Cette véronique se multiplie par semis, par division ou par bouturage. Elle fleurit entre mai et août.

La Véronique ligneuse, *V. fruticulosa*, similaire, a des fleurs roses à nervures foncées et des feuilles à poils plaqués.

Helianthemum alpestre

L'Hélianthème d'Œland ssp. *alpestre*

Ce joli hélianthème à port bas, de 5 à 8 cm, convient même pour les petites rocailles. Il est abondant sur les roches calcaires ensoleillées des montagnes d'Europe, entre 1 000 et 2 950 m d'altitude. Il a des feuilles assez longues, sans stipules, des tiges étalées, ligneuses à la base et à extrémité redressée portant 2 à 6 fleurs jaunes. Le fruit est une capsule à 3 compartiments. Cet hélianthème doit être cultivé dans un sol calcaire, pierreux, perméable, en plein soleil. Il fleurit entre juin et août-septembre.

Ces plantes sans exigences poussent bien en rocaille.

Sempervivum arachnoideum ssp. *tomentosum*

La Joubarbe à toiles d'araignée ssp. *tomentosum*

C'est l'une des jolies joubarbes couramment cultivées. Elle présente des rosettes décoratives de feuilles charnues, d'environ 2 à 3 cm de large et recouvertes d'une "toile d'araignée" de poils blancs. Les tiges feuillues portent des fleurs rose pourpre.

L'espèce type, *S. arachnoideum*, a environ 5 à 14 cm de haut. Ces deux joubarbes conviennent pour remplir les fissures entre les pierres. On les multiplie par séparation des rosettes-filles. Elles fleurissent en juin et juillet. Après la floraison, les plantes meurent.

Ranunculus parnassifolius

La Renoncule à feuilles de Parnassie

Cette plante herbacée de 5 à 10 cm de haut a des feuilles vert foncé à nervures saillantes et velues sur la face inférieure de la feuille. Les fleurs, qui ont jusqu'à 25 mm de diamètre, offrent une corolle lobée blanche, teintée de rosâtre sur la face externe. Le fruit est une samare

Sempervivum arachnoideum ssp. tomentosum

Salix retusa

Ranunculus parnassifolius

pourvue d'un bec. Cette espèce est originaire des Pyrénées et des Alpes et pousse sur les pentes caillouteuses humides, dans les pierriers compacts et dans les moraines, sur calcaire, entre 1700 et 2900 m d'altitude. Il lui faut un sol pierreux humide, avec ou sans calcaire, et une exposition abritée des rayons du soleil. On la multiplie par semis ; elle a même tendance à se ressemer toute seule quand les conditions sont propices. Elle fleurit en juillet et août.

Salix retusa

Le Saule tronqué

Autre saule rampant, il pousse dans les hautes montagnes d'Europe à des altitudes de 1200 à 2900 m. Il a des tiges rampantes, radicantes et des feuilles tronquées ou indentées, entières, glabres, vertes sur les deux faces. Les bourgeons sont portés par de courts pétioles. Ce saule pousse sur les pentes pierreuses, herbeuses, les éboulis compacts, les crevasses – la plupart du temps sur calcaire. C'est l'une des plantes pionnières des milieux ouverts. Elle fleurit en juillet et août.

Un autre saule, encore plus petit, *S. serpyllifolia*, pousse dans les Alpes et les Balkans mais n'y est pas abondant. Il forme des tapis vert foncé, denses et agrippés au sol.

Plantes poussant jusqu'à 2 800 m

Elles poussent en sol caillouteux et humifère. En rocaille elles doivent être plantées à l'abri des rayons du soleil.

Arctostaphylos uva-ursi

La Busserole ou Raisin d'ours

Cet arbuste bas, rampant, persistant, ressemble à l'airelle rouge. Il a des tiges radicantes avec extrémité redressée, entièrement couvertes de feuilles entières coriaces. Les fleurs campanulées blanches sont disposées en racèmes pendants. En automne, l'arbuste est décoré de drupes rouge écarlate.
Il pousse dans toute l'Europe, l'Asie et l'Amérique, en sol sec, caillouteux et sableux, depuis la plaine jusqu'à 2 800 m d'altitude. On le multiplie par séparation des tiges enracinées, par boutures ou par semis. Il fleurit entre avril et juin.

*Fruits d'*Arctostaphylos uva-ursi

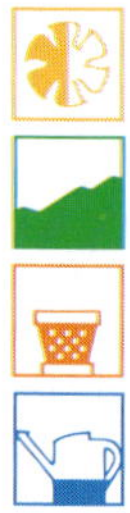

*Fleurs d'*Arctostaphylos uva-ursi

Campanula barbata

La Campanule barbue

Cette très jolie campanule, d'assez grande taille, est une plante vivace dans son habitat d'origine mais bisannuelle dans les jardins.
Si les conditions sont favorables, elle se ressèmera spontanément et se multipliera donc en permanence.

Campanula barbata

Ses feuilles velues sont disposées en rosette basale et sa tige dressée, non ramifiée, de 10 à 30 cm porte un racème unilatéral de fleurs pendantes, lâches. Ces fleurs sont bleu pâle, exceptionnellement blanches, de 15 à 30 mm de long. Elle pousse en sols humifères acides, à une altitude de 1500 à 2800 m, dans les Alpes, les Carpates et le sud de la Norvège. On la multiplie par semis et elle fleurit entre juin et août.

Veronica aphylla

Veronica aphylla

La Véronique sans feuilles

Elle n'a que 3 à 8 cm de haut, elle est plus ou moins velue et ses feuilles sont disposées en rosette basale. Les tiges portent 2 à 5 fleurs à leur extrémité. On la multiplie par semis et par division des touffes. Elle fleurit entre juin et août.

Plantes poussant à partir de 2 600 m

Elles se plaisent sur les rochers, en sol caillouteux et dans les pierriers, surtout sur calcaire.

Potentilla aurea

La Potentille dorée

Cette plante de 5 à 15 cm présente un rhizome épais et de nombreuses tiges dressées. Les feuilles, divisées en 5 à 7 lobes, possèdent des poils soyeux sur le bord et la face inférieure ; les fleurs jaunes, qui atteignent 2 cm de diamètre, ont une tache orange à la base. Elle n'est pas exigeante et vous récompensera de vos efforts car elle vient bien dans un sol pierreux normal et en plein soleil. On la multiplie par division des touffes ou par semis. Elle fleurit entre juin et septembre-octobre. La Potentille de Crantz *(P. crantzii)*, espèce similaire, a des poils dressés et pousse dans les lieux secs sur calcaire, jusqu'à 3 000 m d'altitude.

Potentilla aurea

Groupe de **Potentilla aurea**

Scabiosa lucida

Scabiosa lucida

La Scabieuse

Cette scabieuse pousse dans les montagnes d'Europe centrale et méridionale, sur roches basiques à neutres, à 1000-2000 m d'altitude. Elle pousse bien en rocaille et n'est guère exigeante en matière de sol. On la multiplie par semis ou par division des touffes au printemps. Elle fleurit entre juillet et septembre.

Saponaria lutea

Saponaria lutea

La Saponaire jaune

Cette plante de 5 à 10 cm, couverte de poils courts, forme des petits coussins de feuilles lancéolées étroites. La tige dressée, non ramifiée, porte un capitule de fleurs jaunes ; le fruit, une capsule, présente quatre dents. Cette espèce provient des Alpes et du sud-est des Carpates et pousse dans les rochers et pierriers calcaires ou acides, entre 1 500 et 2 600 m d'altitude. Elle n'est guère exigeante, il lui faut seulement un endroit pierreux, bien drainé et à l'abri des rayons du soleil. Elle fleurit en juillet et août.

Plantes poussant à environ 2 500 m

On les trouve sur les rochers humides, dans les moraines et près des sources.

Epilobium fleischeri

C'est l'un des rares épilobes à port bas. Les tiges feuillues ont 15 à 30 cm de haut, elles sont couchées et molles, les feuilles linéaires et vert vif. Les grandes fleurs décoratives, rouge pourpre, sont disposées en courts racèmes. Le fruit est une capsule. Cet épilobe est originaire des Alpes où il pousse dans les lieux humides, le long des ruisseaux, près des sources, toujours en sol acide. C'est une plante sans exigences convenant pour les endroits humides, les bordures de mares. Le seul problème est sa tendance à se propager grâce à ses stolons souterrains grêles. On la multiplie par division des touffes, par bouturage ou par semis. Elle fleurit en juillet et août.

*Fleurs et capsule d'***Epilobium fleischeri**

Silene alpestris

Le Silène des Alpes

Cette plante en touffes clairsemées, de 10 à 20 voire 30 cm de haut, a tendance à trop se propager dans les endroits humides et pierreux d'une rocaille, aussi bien en plein soleil qu'à mi-ombre. On la multiplie par semis. Elle fleurit entre

Silene alpestris

Tofieldia calyculata

juin et août. La forme à fleurs doubles, *Silene alpestris* 'Pleniflorum', doit être multipliée par division des touffes.

Tofieldia calyculata

La Tofieldie à calicule

On la trouve depuis la plaine jusqu'à 2 500 m et sa taille varie de 10 à 35 cm selon l'altitude. Elle est glabre et a des feuilles comme des sabres, réunies à la base des tiges qui sont dressées et portent un court racème cylindrique, dense, de minuscules fleurs blanc jaunâtre. On peut la rencontrer depuis les montagnes d'Europe jusqu'à la partie asiatique de la Russie, poussant dans les prairies humides sur calcaire, sur les rochers et près des sources. En rocaille, elle vient bien dans un sol argileux, caillouteux et même acide, et à l'abri des rayons du soleil. On la multiplie par division des touffes. Elle fleurit entre juin et août.

Dans l'Arctique, les Alpes et aussi, mais rarement, dans les hautes Tatras, on trouve sa proche parente, *Tofieldia pusilla,* de seulement 10 à 15 cm de haut et à fleurs disposées en capitule. Ses exigences sont les mêmes.

Plantes poussant de 1 500 à 2 500 m

Elles poussent sur roches calcaires, dans les pierriers et fissures de rochers, en plein soleil.

Achillea clavennae

Cette plante, de 10 à 25 voire 30 cm, couverte d'un feutrage blanc, produit de nombreuses rosettes de feuilles non florifères. Les tiges dressées et peu rameuses ont tendance à devenir ligneuses à la base. Les inflorescences sont des capitules lâches à fleurs ligulées blanches et disques blanc gris. Elle s'étale pour former de jolis coussins gris. Cette achillée est originaire des Alpes, de Transylvanie et des montagnes des Balkans. En rocaille elle doit être cultivée dans un sol calcaire bien drainé, en plein soleil. On la multiplie au printemps par division des touffes ou par semis, et elle se ressème souvent naturellement. Elle fleurit entre juillet et octobre.

Achillea clavennae

Draba parnassica

Linum capitatum

Linum capitatum

Ce joli lin à fleurs jaunes a de courts stolons terminés par des rosettes de feuilles. Il est de taille variable, de 7 à 40 cm de haut. La tige devient ligneuse à la base, les feuilles à trois nervures sont vert foncé et les pétales jaunes trois fois plus longs que le calice. En rocaille, il doit être planté en plein soleil, dans un sol calcaire et pierreux. On le multiplie par division des touffes et par semis. Il ne vit pas très longtemps mais il se maintient généralement dans la rocaille par semis naturel. Il fleurit en juin et juillet.

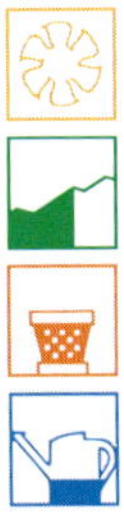

Draba parnassica

Cette drave de 2 à 5 cm de haut, qui forme des coussins denses, a des feuilles linéaires, velues ; la tige est couverte de poils grossiers. On la cultive en sol pierreux, pauvre, bien drainé, en plein soleil. Elle se multiplie facilement par semis, par division des touffes et par bouturage. Elle fleurit en avril et mai.

Plantes poussant jusqu'à 2 400 m

On les rencontre sur roches calcaires et pentes caillouteuses.

Ranunculus crenatus

Cette jolie renoncule basse, de 4 à 8 cm de haut, a des feuilles vert foncé à long pétiole, disposées en rosette basale, et une tige dressée portant 1 à 2 grandes fleurs, qui atteignent jusqu'à 25 mm de diamètre. Il lui faut un sol argileux, caillouteux, humide et un emplacement froid, à l'abri du soleil. On la multiplie de préférence par semis. Elle fleurit entre avril et juin.

Ranunculus crenatus

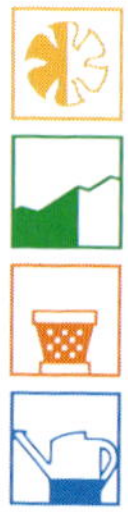

Rosettes de Ranunculus crenatus

Achillea ageratifolia

Erinus alpinus

Achillea ageratifolia

Cette achillée argentée, de 10 à 20 cm de haut, forme des tapis bas, gris argenté. Les feuilles sont étroites, entières, à bord grossièrement denticulé et disposées en rosette basale, la tige montante est dressée et les capitules solitaires. Le fruit est une samare lisse, sans poils. Cette espèce originaire du sud-est de l'Europe (Dalmatie) convient pour les sols calcaires, pierreux, sableux, exposés en plein soleil. On la multiplie par division des touffes et par semis. Elle fleurit entre juin et août. L'espèce similaire, *A. ageratifolia* var. *serbica*, possède 2 ou 3 capitules plus petits.

Erinus alpinus

L'Erine des Alpes

Cette plante velue, mesure 5, 10 voire 20 cm ; ses feuilles vert foncé sont disposées en rosette basale touffue. La tige simple est dressée, feuillue, et s'achève par un racème dense de fleurs roses ; le fruit est une capsule. Elle vient bien en sol pierreux, calcaire ou acide, à l'abri des rayons du soleil, mais aussi en plein soleil en situation humide. Elle se propage souvent par semis naturel : on peut la multiplier ainsi. Elle fleurit entre mai et août. On cultive aussi les variétés à fleurs blanches (*Erinus alpinus* 'Albus') et à fleurs rouge carmin vif (*E. alpinus* 'Dr. Hähnle').

Plantes poussant jusqu'à 2 250 m

On les trouve à l'ombre, sur des rochers plus ou moins humides, dans les éboulis, les pelouses caillouteuses, sur roche calcaire ou neutre dans un sol humifère.

Saponaria caespitosa

La Saponaire gazonnante

C'est une plante de 8 à 15 voire 20 cm de haut, formant des touffes. Les boutons floraux sont rose foncé, les fleurs ouvertes d'un rose plus pâle et le calice est laineux. C'est une plante sans exigences, venant bien en sol pierreux, mais il faut la protéger du soleil de midi. On la multiplie par semis, par division des touffes et par bouturage. Elle fleurit entre avril et août.

Campanula pulla

Cette jolie campanule mesure 5 à 10 cm de haut. Elle a un rhizome grêle, très ramifié, des tiges dressées ou montantes, non rameuses, portant une seule fleur chacune, et feuillues seulement dans la partie inférieure. Les clochettes, de 17 à 22 mm de long, sont pourpre foncé, pendantes, à lobes étalés. Elle pousse seulement dans les Alpes et en Transylvanie, entre 1 500 et 2 200 m d'altitude. Elle doit être plantée dans un endroit humide et pierreux, à l'abri des rayons du soleil. On la multiplie

Saponaria caespitosa

Campanula pulla
'Alba'

par semis ou par division des touffes. Elle convient même pour de petites rocailles mais elle a tendance à trop se propager, par ses rhizomes, quand les conditions de culture sont favorables. Elle fleurit en juin et juillet.

On cultive aussi une forme à fleurs blanches, *C. pulla* 'Alba'.

Moehringia muscosa

La Moehringia mousse

Cette plante glabre, vert vif, formant des groupes clairsemés, a des feuilles sans nervures, filiformes, soudées à la base, avec des touffes de feuilles axillaires. Elle doit être plantée à l'ombre, dans un sol humide, caillouteux et humifère. On la multiplie par semis ou par division des touffes et elle se ressème souvent naturellement. Elle fleurit entre mai et septembre.

Moehringia muscosa

Plantes poussant jusqu'à 2 000 m d'altitude

On les rencontre sur les roches calcaires, dans les éboulis, les pierriers et sur les pentes caillouteuses.

Matthiola fruticulosa

Dans la nature cette plante mesure 5 à 15 cm de haut mais en rocaille, elle atteindra 30 à 40 cm, ce qui n'est pas toujours bienvenu. Cette espèce est originaire des sierras espagnoles et s'étend jusqu'aux Balkans, en passant par les Pyrénées et les Alpes. Elle doit être plantée dans un sol calcaire, pierreux, bien drainé et à l'abri du soleil direct. On la multiplie par semis. Elle fleurit entre avril et juin. On cultive surtout la sous-espèce *valesciaca*.

Thlaspi stylosum

Ce tabouret qui ne mesure que 2 à 4 cm de haut, est originaire des Alpes. Plante bisannuelle en rocaille, elle se propage sans difficulté par semis naturel. Elle préfère les sols pierreux, bien drainés, les situations ensoleillées. Sans exigences, elle fleurit abondamment. Il faut l'arroser suffisamment au printemps. Elle se multiplie par semis. La floraison dure d'avril à mai.

Matthiola fruticulosa

Rosettes de
Thlaspi stylosum

Thlaspi stylosum

Minuartia kitaibelii

Cette alsine, de 7 à 10 voire 20 cm de haut, pousse dans les Alpes et les Carpates, où on la trouve en abondance dans les lieux ensoleillés et pierreux. En rocaille, il faut lui donner des conditions identiques. Elle se multiplie par semis et par division des touffes. Elle fleurit entre juin et août.

Minuartia laricifolia (M. striata, Alsine laricifolia) a des fleurs plus petites et pousse sur roche acide.

Minuartia kitaibelii

Plantes de mi-ombre et d'ombre

Pour les endroits ombragés d'une rocaille, on dispose d'un vaste choix d'espèces ayant différentes exigences en matière de luminosité et d'ensoleillement, depuis celles qui ont besoin d'être abritées des rayons du soleil jusqu'à celles qui ne poussent qu'à l'ombre.

Nombreuses sont celles qui fleurissent au début du printemps. Si vous ne disposez pas d'un grand jardin, il existe un grand choix parmi les espèces forestières basses comme certains érables japonais, *Acer japonicum* et *Acer palmatum* : tous deux ont plusieurs jolis cultivars, parmi lesquels *Acer palmatum* 'Atropurpureum Dissectum', à feuilles rouge foncé, finement divisées, est le plus couramment cultivé. *Staphylea pinnata* est un arbuste intéressant, bien que peu commun dans les jardins : peu exigeant, il a des fleurs blanches en racèmes pendants.

Un choix infini

Sous ces plantes ligneuses qui peuvent former une couronne presque en parasol, on peut cultiver avec succès de nombreuses plantes herbacées comme Trillium, Erythronium, *Anemone apennina* et *Cypripedium calceolus.* Parmi les plantes ligneuses conseillées pour les régions chaudes,

citons le Cornouiller mâle *(Cornus mas)*, qui produit de minuscules fleurs jaunes au tout début du printemps ou *Swida sanguinea*, à rameaux rouges et fleurs blanches. Mais les plus beaux cornouillers sont *Cornus nuttallii* et *Cornus florida*. Le *Buddleia davidii*, qui fleurit longtemps et dont les petites fleurs parfumées en riches inflorescences attirent les papillons, convient aussi pour les climats doux. Dans des conditions plus rudes, il a tendance à être abîmé par le gel et bien qu'il produise de nouvelles pousses, cette année-là, il ne fleurit généralement pas. Pour les régions froides, vous choisirez le Sureau à grappes *(Sambucus racemosa)*, peu exigeant et décoré dès la fin de l'été de grappes de baies rouges. Le Fusain d'Europe *(Euonymus europaeus)* ou le Fusain nain *(Euonymus nanus)*, bas (jusqu'à 1 m), couché et à fruits intéressants, sont aussi des arbustes assez peu exigeants. Le Kolkwitzia *(Kolkwitzia amabilis)* produit en abondance de magnifiques fleurs roses.

Parmi les plantes herbacées forestières typiques, citons *Hepatica* (hépatiques), *Pulmonaria* (pulmonaires), *Maianthemum* (maianthèmes) et certaines anémones comme *Anemone nemorosa* (Anémone des bois), *A. ranunculoides* (Anémone fausse-renoncule), ou *A. apennina* et *Tiarella cordifolia*. *Jeffersonia* et le bel *Isopyrum thalictroides* à fleurs blanches sont moins cultivés. Parmi ces plantes, nous devons aussi inclure certains bulbes à floraison précoce comme le perce-neige *(Galanthus)*, la nivéole *(Leucojum)*, l'éranthe à tubercule *(Eranthis)*, les corydales (*Corydalis cava* et *C. solida* par exemple), très décoratifs grâce à leurs fleurs roses, rouges et blanches, mais qui dépérissent en très peu de temps. L'Ail des ours *(Allium ursinum)*, avec son ombelle de fleurs blanches préfère un sol humide, humifère, de même que la Dent de chien *(Erythronium dens-canis)*, les trillies *(Trillium)* et d'autres genres.

Précautions nécessaires

Certaines plantes de rocaille se contenteront d'une “ombre mouvante” ; celles-ci doivent être plantées sous les arbres à couronne lâche ou sous des plantes herbacées plus grandes. Même une grosse pierre suffira à les protéger. Tout dépend aussi de l'endroit : dans les régions de plaine chaudes, où le soleil s'accompagne de chaleur et de sécheresse, il est nécessaire de se montrer plus prudent pour l'exposition qu'à des altitudes plus élevées où il y a de la rosée le matin et où le soleil n'est pas aussi brûlant. Chaque rocaille a ses propres conditions spécifiques qu'il faut respecter. Des conseils généraux sur l'emplacement des différentes plantes ne sont pas toujours couronnés de succès. La meilleure méthode consiste sans doute à prendre en compte les conditions dans lesquelles la plante pousse à l'état naturel et à essayer de la mettre dans des conditions analogues dans la rocaille.

Plantes forestières

Elles conviennent pour les sols humides et riches en humus ; elles fleurissent au début du printemps.

Hepatica

Les hépatiques

Les hépatiques comptent parmi les premières fleurs printanières des forêts d'Europe. Elles ont des feuilles à long pétiole, disposées en rosette basale mais qui ne s'étalent complètement que lorsque la floraison est terminée. La tige dressée porte une seule fleur. Le nombre de pétales varie de 5 à 10, le fruit est un akène couvert de poils étalés et muni d'un bec court. Les hépatiques sont des plantes peu exigeantes qui poussent bien sous les arbres feuillus.

Hepatica nobilis

Hepatica angulosa

Hepatica transsylvanica

Dicentra cucullaria

Elles sont multipliées par semis (elles se ressèment parfois naturellement), les plantes plus âgées et les cultivars par division des touffes.

Hepatica transsylvanica

Cette hépatique est originaire des forêts humifères de Transylvanie où elle fleurit dès février-mars. Ses feuilles ont 3 à 5 lobes, et de grandes fleurs bleu clair. L'espèce d'Europe centrale *H. nobilis (H.triloba,* Anemone *hepatica)* fleurit environ deux semaines plus tard (en mars-avril). Ses feuilles trilobées ont le bord entier et ses fleurs sont plus petites, bleu profond, parfois roses, exceptionnellement blanches. Des formes à fleurs doubles, dans les trois coloris, sont cultivées dans les jardins.

Dicentra cucullaria

Ce dicentra qui n'a que 10 à 15 voire 20 cm de haut, est originaire d'Amérique du Nord. Juste sous la surface du sol, il a un rhizome tubéreux facilement détachable qui produit des feuilles très divisées. Les fleurs pendantes sont blanches à extrémité jaune ; elles s'épanouissent en mars et avril. Cette plante ne produit pas de graines mais peut aisément être multipliée par les tubercules.

Plantes forestières moins typiques

Il leur faut un sol humide, riche en humus, une ombre légère ou la mi-ombre, sous des arbres ou de grands arbustes. Elles fleurissent en avril et mai.

Hacquetia epipactis

Cette plante, de 8 à 15 cm, est originaire des forêts claires d'Europe où elle pousse sur les pentes à l'ombre. Le rhizome court, produit 1 à 2 feuilles vert vif et 1 à 2 tiges terminées par une tête florale en ombelle constituée de minuscules fleurs jaunes et supportée par 5 à 6 bractées crénelées, trilobées. Elle fleurit souvent dès le mois de mars. On la multiplie facilement par division des touffes et par semis. Elle se ressème souvent naturellement.

Division de touffes de Hacquetia

Hacquetia epipactis

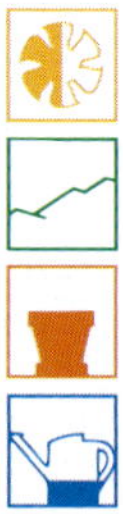

***Feuille étalée de* Sanguinaria canadensis**

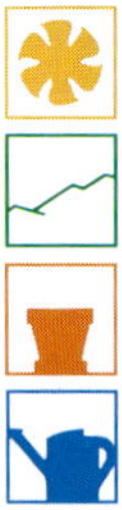

Bouton floral de* Sanguinaria canadensis *enveloppé dans une feuille

Sanguinaria canadensis

La Sanguinaire du Canada

Cette plante forestière intéressante nous vient d'Amérique du Nord. Les fleurs sont enveloppées dans une feuille avant de s'épanouir et la feuille ne se développe entièrement qu'une fois la floraison terminée. Cueillie ou abîmée, la plante exsude un liquide orange, le latex. Il lui faut un sol riche et suffisamment humide pendant la période de végétation. On peut la multiplier facilement par division du rhizome quand les feuilles sont tombées, en août. Si on utilise les graines pour la multiplication, les nouveaux plants ne pousseront qu'après plusieurs années. Sa forme à fleurs doubles, très populaire, *Sanguinaria canadensis* 'Multiplex' a une floraison plus longue.

Plantes d'ombre

Ces plantes doivent être mises dans un sol humifère, léger. On les plante sous les arbres ou les arbustes. Elles fleurissent au printemps.

Pulmonaria officinalis

La Pulmonaire officinale

C'est une plante forestière grossièrement velue. Elle pousse en Europe jusqu'en Russie, principalement dans les forêts et les bosquets d'arbustes ombreux, dans les sols riches en minéraux, en plaine comme en montagne. Le bouton floral est rose, la fleur fraîchement éclose pourpre et elle vire au bleu après la pollinisation. La Pulmonaire se multiplie par division du rhizome ou par semis. Elle fleurit en avril et mai, mais aussi souvent dès le mois le mars.

Pulmonaria officinalis

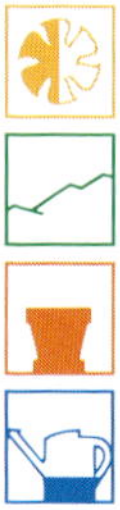

Aquilegia canadensis

Aquilegia canadensis

L'Ancolie du Canada

Cette ancolie, de 30 à 60 cm, est originaire d'Amérique du Nord. Ses feuilles sont gris-vert dessous et les fleurs sont jaune et rouge ; elles sont portées par de longues tiges. Elle convient pour les grandes rocailles, pour les petites, il vaut mieux choisir son cultivar 'Nana' moitié moins haut que l'espèce type.

Les ancolies se croisent très facilement et si vous voulez maintenir les caractéristiques d'une certaine plante, il faudra la multiplier par division. Si plusieurs ancolies différentes sont cultivées dans le même jardin, vous pourrez avoir des plants de différentes tailles, avec des fleurs de formes et de couleurs variées.

Omphalodes cappadocica

Omphalodes cappadocica

Cette belle plante de rocaille provient du Caucase et d'Asie Mineure. La tige, de 10 à 15 voire 20 cm, est dressée, feuillue, les fleurs bleues ont un œil blanc, rappelant les myosotis, et sont disposées en grappe lâche. Cette plante se multiplie par semis naturel et fleurit en avril et mai.

Ces plantes basses conviennent aux endroits froids, à mi-ombre ou à l'ombre d'une rocaille. Il leur faut un sol acide, humifère, constamment humide que l'on peut enrichir avec de la tourbe fibreuse, de la brique broyée et du sable avec gravier. Elles fleurissent en avril et mai.

Cassiope mertensiana

La Cassiopée de Mertens

C'est un arbuste de 15 à 20 cm de haut, à feuillage persistant, originaire des hautes montagnes d'Amérique du Nord et de la toundra arctique. Elle a des feuilles minuscules, plaquées sur la tige et des fleurs campanulées blanches, délicates, solitaires, pendant sur des tiges grêles. Sa culture n'est pas très facile. On peut la multiplier par semis, par boutures et par éclats avec racines.

Soldanella montana

La Soldanelle montagnarde

Cette soldanelle se cultive assez bien en rocaille. Elle est originaire des Alpes orientales, de la partie

Cassiope mertensiana

Soldanella montana

Soldanella minima, *avec les soins nécessaires, pourra survivre en rocaille.*

méridionale du massif de Bohême (les forêts de Bohême et sud de la Moravie) et elle pousse sporadiquement dans les Carpates et les montagnes des Balkans, dans les lieux humides à marécageux, près des sources et dans les forêts d'épicéas. Elle a des tiges de 5 à 8 cm portant des fleurs pendantes, délicates, pourpre pâle. Quand le fruit est formé, les pédoncules se redressent et les tiges s'allongent de 15 à 20 cm. Cette plante se multiplie par semis. Plusieurs soldanelles basses poussent dans les hautes montagnes d'Europe mais elles se maintiennent très difficilement en rocaille. Citons par exemple *Soldanella pusilla*, de 4 à 9 cm, avec une ou deux fleurs roses frangées sur un tiers de la longueur et *Soldanella minima*, un peu plus robuste, qui avec les soins nécessaires pourra survivre en rocaille. Elle mesure 4 à 6 cm de haut, ses fleurs sont blanc pourpré. Cette plante pousse en sol calcaire. La Soldanelle des Alpes *(S. alpina)* et la Soldanelle des Carpates *(S. carpatica)* sont plutôt plus grandes, atteignant jusqu'à 13 cm de haut et la dernière a des feuilles rougeâtres dessous.

Ces plantes sans exigences, intéressantes, doivent être cultivées en sol riche, humide en permanence, enrichi d'humus forestier. Elles fleurissent entre avril et juin.

Uvularia perfoliata

Cette plante provient d'Amérique du Nord. Elle a un rhizome rampant, et une tige de 30 à 40 voire 50 cm. Le fruit est une capsule sessile à 3 angles, formée de 3 compartiments. Cette plante ne forme pas de graines mais peut facilement se multiplier par division du rhizome, de préférence en fin d'été.

Uvularia grandiflora est une espèce similaire. Elle a des feuilles assez longues, feutrées dessous, et ses fleurs mesurent 4 cm environ. Ses exigences de culture sont les mêmes que pour l'espèce précédente.

Uvularia perfoliata

Uvularia perfoliata ***: ses fleurs grêles, pendantes, pédonculées et jaunes, ont 3 cm de long.***

Arisarum proboscideum

Arum proboscideum

Cet arum intéressant, de seulement 5 à 8 cm de haut, provient des Apennins et du sud-ouest de l'Espagne. Il a un rhizome cylindrique à ovoïde, à nombreux stolons grêles ; le rhizome produit 2 fleurs sagittées entières. La gaine droite est blanc gris dans la partie inférieure et vert olive en haut. Cet arum doit être planté dans un endroit abrité. Il ne survivra que si l'hiver est doux ; dans les régions froides, il faudra donc le couvrir de branchages pour l'hiver. Il fleurit en mai.

Arisarum proboscideum

Dans un substrat bien humidifié elles toléreront même un peu plus de soleil. Elles sont sans exigences et les couleurs de leurs fleurs égaieront les endroits ombragés d'une rocaille. Elles viennent bien en sol humifère et n'ont pas besoin de protection en hiver. Elles fleurissent en été.

Dodecatheon meadia

Originaire d'Amérique du Nord, c'est l'une des 13 à 30 espèces très similaires que compte le genre. Elle a un rhizome court, des feuilles entières simples en rosette basale et une tige dressée, de 30 à 40 cm, portant une ombelle de fleurs, jusqu'à 20, roses, voire rouges ou blanches chez certains cultivars, ressemblant à celles des cyclamens. Elle disparaît à la fin de l'été. Cette plante se multiplie par division du rhizome ou par semis. C'est une espèce très variable. La floraison a lieu en mai et juin.

Cortusa matthioli

Cette plante pousse dans les régions de collines en Eurasie, dans les Alpes maritimes, au Japon, dans les forêts humides, les gorges et les pierriers calcaires humides. Elle forme une touffe de feuilles à long pétiole, couvertes de poils glanduleux. Ses tiges, de 15 à 30, voire 40 cm sont terminées par une ombelle de 5 à 12 fleurs roses, pendantes, campanulées, ayant jusqu'à 1 cm de long. Le fruit est une capsule assez longue ; quand il se forme les tiges se redressent. Cette plante se multiplie par semis dès que les graines sont mûres ou par division des vieilles touffes. Elle fleurit entre mai et août.

Dodecatheon meadia

Cortusa matthioli

Heuchera *'Rocky Mountains'*

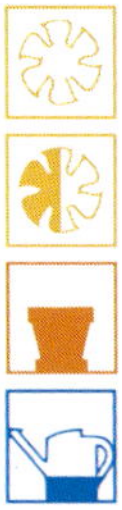

Heuchera x *brizoides*

C'est là un nom collectif pour les croisements de deux espèces américaines : *H. sanguinea* à fleurs rouges et *H. americana* à fleurs blanches. Tous ont des feuilles en rosette basale, avec de longs pétioles, des tiges dressées et généralement des fleurs rouges en panicule lâche.
Il existe un grand nombre de formes horticoles, la plus petite étant 'Rocky Mountains', qui n'a que 15 cm de haut et porte une inflorescence dense de fleurs blanc rosâtre. Elle se multiplie par division et fleurit en juin et juillet.

Rosette de **Heuchera x brizoides**

Plantes à placer à l'abri du soleil ou à mi-ombre

Elles doivent être plantées dans un bon sol humifère et fleurissent entre juin et août.

Campanula nitida

Cette campanule a des fleurs d'un bleu pur. Dans les jardins, on cultive plus souvent une forme à fleurs blanches. Cette campanule est originaire d'Amérique du Nord.
Elle est sans exigences et se multiplie facilement par semis ou par séparation des jeunes rosettes. Quand les conditions sont favorables, elle se ressème même naturellement.
Certains botanistes la considèrent comme une forme de *C. persicifolia*, la Campanule à feuilles de pêcher, espèce européenne qui se croise spontanément avec *C. nitida*, de sorte que l'on trouve les deux types parmi les plantes cultivées à partir de semis. Les espèces se différencient par la rosette de feuilles, qui n'existe pas chez *C. persicifolia*; ceci permet d'éliminer de son jardin, à temps, cette campanule, belle certes mais trop grande et adventice.

Campanula nitida

Campanula nitida *'Alba'*

Dicentra eximia *(fleurs)*

Dicentra eximia
(feuille)

Dicentra eximia *(rhizome)*

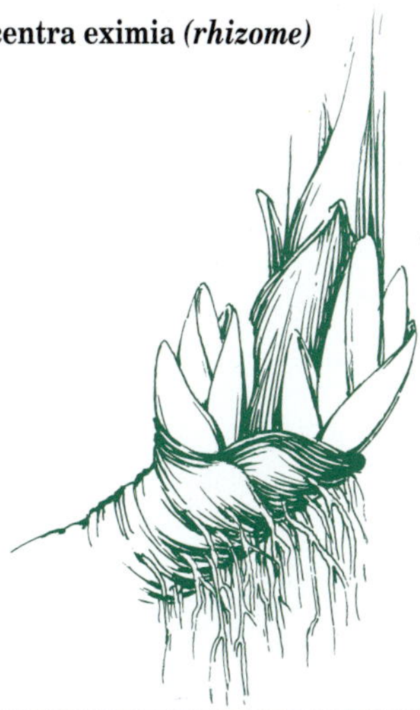

Dicentra eximia

Cette plante a un rhizome écailleux, juste sous la surface du sol, qui produit des tiges fragiles, de 20 à 40 cm, et des feuilles fines, vert gris, tripennées. Les fleurs sont d'un rose rougeâtre. Les formes à fleurs blanches (*D. eximia* 'Alba') sont moins courantes. C'est une bonne plante qui fleurit souvent jusqu'en septembre. Elle doit être cultivée à mi-ombre mais elle tolérera un peu plus de soleil si elle est suffisamment arrosée. On peut facilement la multiplier par division du rhizome en dehors de la période de végétation.

Bien que peu sensibles, il arrive que ces plantes n'aiment pas leur emplacement dans les rocailles. Elles doivent être plantées à l'abri du soleil, dans un sol humide, pierreux, humifère et nutritif, enrichi de feuilles de hêtre décomposées. Elles fleurissent en mai et juin.

Cypripedium calceolus

Le Sabot de Vénus

C'est l'une des plus belles orchidées d'Eurasie ; elle fait l'orgueil de tous les jardins. On la trouve de l'Europe septentrionale et centrale à la partie nord de la Méditerranée et des Balkans, dans le Caucase, et jusqu'en Sibérie et dans l'est de l'Asie.

Elle pousse dans les forêts claires, les bois de hêtres, en lisière des bois, sur les pentes caillouteuses, le plus souvent sur calcaire. Elle a un rhizome rampant qui produit une tige dressée de 20 à 50 cm à base écailleuse et porte 3 à 5 feuilles sessiles, bien veinées et 1 à 3 grandes fleurs splendides aux pétales brun pourpre. Deux d'entre eux sont en spirale autour du grand labelle jaune, gonflé, ponctué de rouge à l'intérieur. Cette orchidée doit être plantée au printemps, à quelque 3 à 5 cm de profondeur. On la multiplie par division des rhizomes, dès que le sol est dégelé.

Cypripedium calceolus

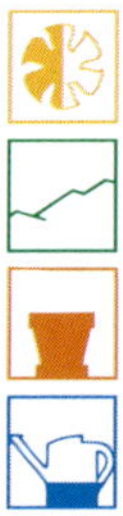

Primula sieboldii

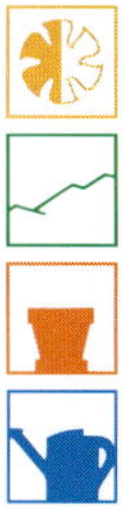

Primula sieboldii

Cette primevère est originaire d'Extrême Orient où elle pousse dans les prairies humides à marécageuses mais vous pouvez la cultiver avec succès même dans les conditions climatiques européennes. Elle disparaît à la fin de l'été. C'est une plante très variable, car l'espèce type ne se rencontre que très rarement ; on trouve plus couramment ses nombreuses formes horticoles à fleurs de diverses couleurs, allant du blanc au rouge et au pourpre en passant par de nombreuses tonalités de rose ; parfois elles sont même bicolores. Les graines se forment très rarement mais la multiplication par division du rhizome, en automne, est une méthode assez sûre.

Elles doivent être plantées dans un sol humide, acide et humifère ; elles fleurissent en été.

Campanula elatines

Cette campanule de 10 à 15 cm, duveteuse, formant des coussins, a des feuilles à long pétiole et à bord en dents de scie pointues, des tiges couchées à montantes et des fleurs en inflorescence libre (panicule unilatérale). Un style nettement long sort de la fleur, la corolle est bleue, largement ouverte et profondément divisée en 5 lobes étroits. Cette campanule pousse dans le sud des Alpes et en Italie, sur rochers à l'ombre. On la multiplie par semis. Elle fleurit en août. L'espèce similaire *C. elatinoides*, originaire des Alpes, a des pétioles courts et des fleurs en racème dense ; la corolle est poilue à l'extérieur. Elle fleurit plus tôt et sa culture est plus difficile.

Campanula elatines

Saxifraga cymbalaria

Cette saxifrage peu exigeante est une plante annuelle ou bisannuelle. Mais elle est pleine de vigueur et se ressème spontanément ; par contre, elle n'est pas très agressive et sa propagation peut facilement être contrôlée en ne laissant la plante pousser qu'à l'endroit que vous souhaitez. Elle a des fleurs jaunes, s'épanouissant de mai à septembre. Elle n'est pas très exigeante

Touffes de **Saxifraga cymbalaria**

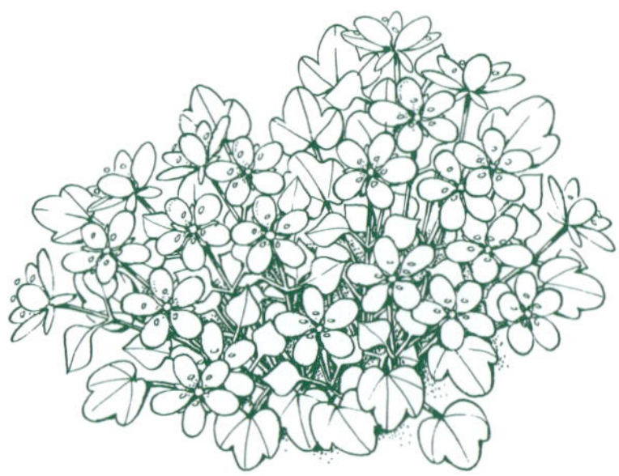

Saxifraga cymbalaria

en rocaille et pousse même en plein soleil si elle est suffisamment arrosée ; cependant, un soleil brûlant et un sol sableux lui sont fatals.

Hosta lancifolia

La Funkie lancéolée

Cette funkie de 30 à 50 cm a des fleurs violettes ou blanches, disposées en racème unilatéral de 6 à 10 fleurs, s'épanouissant en juillet et août. Elle est originaire du Japon, de Chine et de Corée. Il lui faut un sol humide et riche, et une exposition à mi-ombre mais elle tolèrera aussi bien une ombre plus forte que davantage de soleil. On la multiplie par semis ou par division des touffes au printemps. L'espèce *H. lancifolia* 'Minima', qui ne mesure que 10 à 15 cm, conviendra mieux pour les petites rocailles.

Hosta lancifolia

Les gentianes qui fleurissent en automne sont les bienvenues dans une rocaille. Il leur faut un sol humide, humifère, acide et léger. Bien arrosées, elles tolèrent même davantage de soleil. Elles viennent très bien quand l'humidité de l'air est très forte. La multiplication s'effectue par division ou par semis de graines.

Gentiana farreri

Cette gentiane très recherchée provient du Tibet et de Chine occidentale. Elle est populaire non seulement pour sa floraison tardive, en août et septembre, mais aussi pour la belle couleur bleu ciel de ses fleurs. Elle a des tiges couchées, très feuillues, qui s'étalent pour former un cercle sur le sol et dont les extrémités relevées ou dressées portent chacune une grande fleur. Certains jardiniers conseillent de les couvrir en hiver.

Gentiana sino-ornata

Elle est originaire du sud-ouest de la Chine. De toutes les gentianes, elle est celle qui fleurit le plus tardivement, en septembre, octobre et même novembre. La corolle est bleu azur foncé et présente 5 larges raies bleu pourpre sur la face extérieure.
Les plantes à fleurs blanc crème, *G. sino-ornata* 'Alba', sont plus fragiles, bien souvent elles ne survivent pas

Gentiana farreri

à l'hiver et sont donc plus rares dans les rocailles. Par une hybridation fréquente et réussie, plus de 70 croisements et cultivars intéressants, à floraison automnale, ont été obtenus, par exemple *Gentiana* x *macauleyi* *(G. farreri* x *G. sino-ornata),* *G. stevenagensis (G. sino-ornata* x *G. farreri), G.* x *farorna* *(G. farreri* x *G. ornata), G.* x *inverleith* *(G. farreri* x *G. veitchiorum).* Gentiana 'Excelsior' est une robuste gentiane à fleurs extraordinairement grandes. Elle a des feuilles vert foncé et de longues tiges feuillues, couchées, qui s'étalent en cercle ; l'extrémité de la tige dressée porte des fleurs d'un bleu profond, ayant jusqu'à 10 cm de long. Cette gentiane tolère même les sols calcaires.

Gentiana *'Excelsior'*

Gentiana sino-ornata

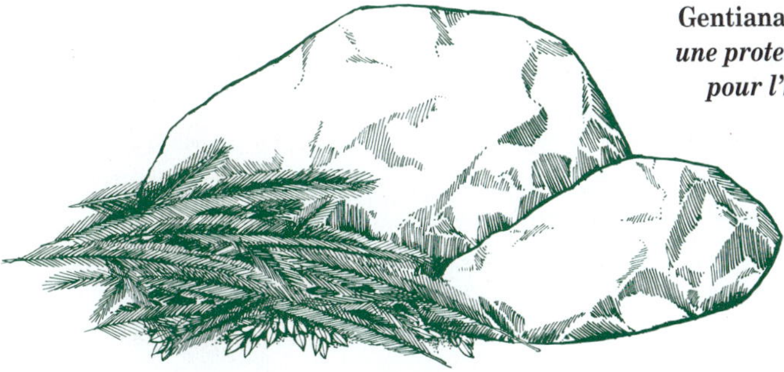

Gentiana *sous une protection pour l'hiver*

Plantes tapissantes

Les plantes formant des tapis constituent un élément décoratif important, surtout dans les grandes rocailles. Elles trouvent aussi leur place sur les murs en pierres sèches et dans les rocailles plates. Leurs représentants sont les phlox, les thyms, les aubriètes et les saxifrages.

Les phlox

Les phlox bas, rampants, s'étalent pour former de grands tapis et attirent l'œil, surtout au moment de la floraison, quand ils sont littéralement inondés de fleurs qui cachent presque complètement leurs feuilles. Originaires d'Amérique du Nord, ils viennent bien dans nos conditions climatiques et sont très populaires. Vous pouvez couvrir même une grande rocaille avec ces plantes, sans avoir à reproduire certaines d'entre elles. Elles se multiplient facilement par division des touffes et par boutures.

Phlox : divers cultivars

Les aubriètes

De culture courante, elles existent dans de nombreux cultivars. Elles sont originaires de la Méditerrannée, des Balkans et d'Asie Mineure. On cultive des plantes aux fleurs de diverses couleurs, et des formes à fleurs doubles. Elles viennent bien en plein soleil, dans des sols pauvres et secs. On les multiplie par division des touffes et par boutures.

Les thyms

Ce sont des plantes gazonnantes bien connues et souvent cultivées; on les trouve surtout dans le sud de l'Europe. Certaines espèces sont assez hautes et ont des tiges ligneuses mais la plupart ont un port bas et rampant. Leurs fleurs sont minuscules, rose pourpre à rouges ou écarlates, rarement blanches, et elles sont parfumées. Elles viennent bien en plein soleil, en sol sableux, pierreux. On les multiplie par division des touffes et par boutures.

Bouture de phlox

Les saxifrages

Elles comptent aussi parmi les plantes tapissantes couramment cultivées. Le genre Saxifraga est très riche et comprend des plantes de formes diverses et dont les exigences de culture sont différentes. A côté des plantes de rocaille types mais assez fragiles, formant des coussinets denses, couverts au printemps d'une profusion de fleurs, le genre comprend aussi des espèces peu exigeantes, s'étalant rapidement pour former de jolis tapis bas, vert profond, portant des fleurs sur des tiges de 8 à 12 cm. Elles n'aiment ni le soleil brûlant ni la sécheresse et conviennent fort bien pour couvrir les endroits humides, à l'abri du soleil. On les multiplie facilement par division.

Mur en pierre sèche avec plantes de rocaille

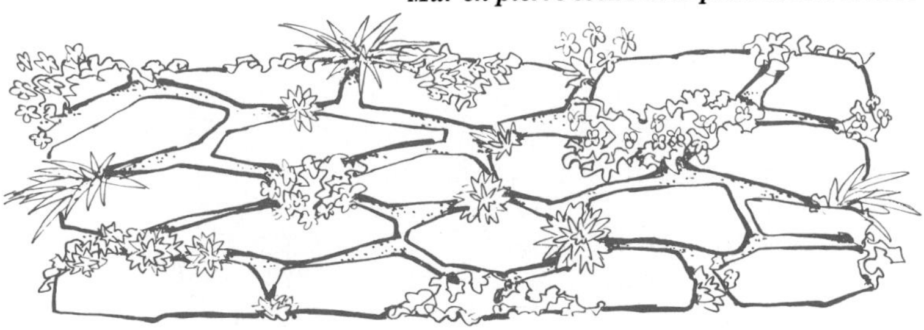

Parterre de rocaille

Vous pouvez préparer le terrain pour un tel parterre assez facilement et sans soins excessifs. Tout d'abord, choisissez le bon emplacement et déterminez la forme du parterre. Ensuite ôtez la terre sur environ 50 à 70 cm de profondeur, un peu moins si le sol est sableux, davantage en sol argileux. Répartissez la couche drainante au fond (gravier, morceaux de poteries, briques écrasées), recouvrez d'une fine couche bien compacte de tourbe fibreuse ou de sphaignes, et enfin la terre dans laquelle les pierres seront insérées. Celles-ci doivent être placées isolément ou en petits groupes, selon la taille du parterre. Même un gros bloc peut être mis dans le parterre pour donner plus de variété. Si le jardin est légèrement en pente, placez les pierres de façon à ce que la terre ne soit pas emportée lors des arrosages ou des pluies. Les plantes tapissantes sont idéales pour une telle rocaille mais il faut les associer à des espèces plus grandes, des graminées, des bulbes botaniques, ainsi que des plantes ligneuses naines, à croissance lente. Il faut être sûr de son choix avant de les planter, car leur transplantation ultérieure n'ira pas sans problèmes. Les plantes ligneuses soigneusement sélectionnées divisent l'espace du parterre en sections plus petites. La surface du parterre sera finalement recouverte de fin gravier.

Murs en pierres sèches

On les appelle aussi murets fleuris : ils font partie des rocailles paysagistes et conviennent particulièrement aux jardins en pente. Déterminez le nombre de murets en fonction de la déclivité du terrain ; leur taille peut varier entre 50 cm et 1 m. Commencez par creuser la terre pour les fondations, pour lesquelles vous pourrez employer les pierres les moins belles cimentées avec un mortier. Mais les pierres au-dessus du sol ne seront posées que sur de la terre dans laquelle les plantes seront ensuite placées.

Parterre de rocaille

Utilisez des pierres plus ou moins travaillées ou vieillies par les intempéries, posez-les légèrement en oblique par rapport à la pente et décalées les unes au-dessus des autres, comme des briques, pour que les fissures verticales de plusieurs couches de pierres ne soient pas reliées. Placez les plantes au fur et à mesure de la construction. Le choix des espèces dépend de l'orientation du muret. Pour les murs au sud, choisissez des plantes nécessitant le plein soleil, comme *Helianthemum*, *Alyssum*, *Thymus*, ou *Campanula*. Les murs au nord conviennent non seulement pour les fougères mais aussi pour certaines espèces rares des genres *Ramonda*, *Haberlea*, ou même *Jankea*. Ces trois genres proviennent de l'ère tertiaire.

Les murets en pierre servent aussi de base pour un parterre surélevé. Ils sont bâtis pour former le périmètre du futur parterre qui peut avoir n'importe quelle forme ou taille. Les murets n'ont pas besoin d'être droits; ils peuvent présenter diverses saillies et irrégularités où l'on pourra mettre des plantes. L'espace entre les murets sera rempli une fois leur construction terminée ; placez d'abord une couche drainante, puis une fine couche de sphaignes et l'espace restant sera ensuite comblé avec de la terre jusqu'au bord. Le résultat est en fait un parterre de rocaille et il doit donc être aménagé en conséquence. Les pierres sont insérées dans la terre, les plantes mises en place et la surface est finalement recouverte d'une couche de gravier. Un parterre surélevé présente un grand nombre d'avantages. Tout d'abord, les murs de ceinture ont des orientations différentes et le choix des plantes ayant des exigences différentes en matière de lumière et d'humidité est donc plus grand ; ensuite, toutes les parties du parterre sont aussi accessibles les unes que les autres et leur entretien est donc facile.

Plantes pour situations ensoleillées

Elles sont plantées en plein soleil dans un sol pierreux, bien drainé. Dans de telles conditions elles s'étalent en grands tapis persistants et fleurissent abondamment. Dans la nature, elles préfèrent généralement un sol calcaire mais en rocaille, elles pousseront même dans une terre acide. Elles fleurissent en été.

Astragalus angustifolius

Cet astragale forme un coussin solide à épineux. Cette espèce est originaire des Balkans et des régions s'étendant de la Crète à l'Asie Mineure et elle pousse dans des sols sableux secs et caillouteux calcaires. On la multiplie par semis en février ; si les graines ne se sont pas formées, on peut greffer le semis sur n'importe quel astragale commun. La floraison a lieu en juin et juillet-août.

Bolax glebaria

Cette plante intéressante, originaire des îles Malouines, forme un tapis dense qui n'a pas plus de 3 cm d'épaisseur. Ses feuilles vert foncé sont dures et brillantes, divisées au sommet en 3 lobes pointus. Elles sont disposées en petites rosettes accrochées au sol, au centre desquelles poussent de minuscules fleurs jaune verdâtre en ombelle presque sans tige. Quand les fruits se forment, la tige s'allonge. En situation

Rosette non florifère **d'Astragalus angustifolius**

***Rosette fleurie* d'Astragalus angustifolius**

humide et ombragée, cette plante mesurera environ 10 à 15 cm de haut et perdra son port compact. La floraison a lieu en juin et juillet-septembre.

Bolax glebaria

Globularia cordifolia

La Globulaire à feuilles en cœur

Elle s'étale pour former un tapis vert foncé, bas et dense. Elle vit sur les rochers et dans les pierriers calcaires, secs et ensoleillés des montagnes d'Europe centrale et méridionale. Les tiges dressées, de 5 à 10 cm de haut, s'achèvent par une tête florale d'environ 10 à 15 mm de diamètre. Le fruit est une samare. Cette globulaire se multiplie facilement par séparation des rosettes latérales enracinées ou par semis. Elle fleurit en mai et juin, avec souvent une floraison répétée en automne.

Globularia cordifolia

Quand elles sont placées en plein soleil, dans un sol caillouteux, sableux et bien drainé, elles s'étalent en grands tapis décoratifs. On les multiplie par division ou par semis. Elles ne sont pas exigeantes et fleurissent abondamment.

Iberis saxatilis

L'Ibéris des rochers

C'est un sous-arbrisseau persistant, de 5 à 10 cm de haut, originaire du sud de l'Europe. Il a des feuilles coriaces, étroites, vert foncé et des tiges feuillues, couchées, à extrémités redressées portant un racème de fleurs blanches à demi-fleurons marginaux. Le fruit est une capsule ailée. Les plantes s'étalent pour former des tapis bas, plats, denses, fleurissant à profusion. La floraison a lieu en avril et mai.

Iberis saxatilis

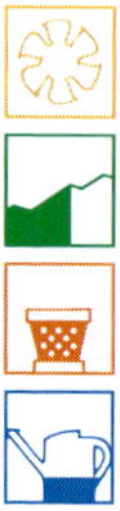

*Touffe d'*Iberis saxatilis *dont la riche floraison forme des tapis bas, épais et compacts.*

Scutellaria orientalis

Scutellaria orientalis

La Scutellaire d'Orient

Cette plante gazonnante, à poils denses, de quelque 10 cm de haut, est répandue depuis le sud-ouest de l'Espagne jusqu'en Asie Mineure, en passant par l'Albanie et les Balkans. Ses rameaux radicants, rampants deviennent ligneux à la base. Les feuilles ovoïdes ont des bords à dents obtuses. Les fleurs dressées, symétriques, jaune pâle, s'ouvrent progressivement de juillet à l'automne. On cultive souvent *S. orientalis* var. *pinnatifida*, aux feuilles entièrement glabres et plus profondément crénelées.

Veronica prostrata

Veronica prostrata

La Véronique prostrée

Cette véronique gazonnante et velue est originaire d'Europe centrale et méridionale et d'Asie, elle vit sur les pentes herbeuses, pierreuses, ensoleillées, de la plaine aux contreforts des massifs. Elle a de nombreuses tiges feuillues, couchées, et à extrémité redressée. Des racèmes denses de fleurs poussent à l'aisselle des feuilles supérieures. La corolle rotacée, quadrilobée, a 2 étamines et le fruit est une capsule plate, glabre, échancrée à l'extrémité. La couleur des fleurs la plus courante est le bleu mais on cultive aussi des plantes à fleurs roses (*V. prostrata* 'Rosea') et blanches (*V. prostrata* 'Alba').
La floraison a lieu entre avril et juin.

Veronica prostrata *'Rosea'*

Elles ont besoin de plein soleil et d'un substrat acide, bien drainé. La floraison a lieu en été.

Chrysanthemum weyrichii

Ce chrysanthème ornemental est originaire du Kamchatka et du Japon. La tige feuillue, de 12 à 15 cm de haut, devient ligneuse à la base ; elle s'achève par un capitule extraordinairement grand (jusqu'à 5 cm de diamètre) à fleurons rayonnants roses et disque jaune. Ce chrysanthème sans exigences pousse bien en plein soleil ainsi qu'à mi-ombre, où il sera plus grand. Les plantes se multiplient par division des touffes ou par semis. Elles fleurissent en juin et juillet.

Un chrysanthème similaire, lui aussi sans exigences, *Ch. arcticum*, a des fleurons rayonnants blancs. Il fleurit tard, en octobre, et a besoin de demi-ombre. Il est originaire du nord de l'Europe, d'Asie et d'Amérique du Nord.

Chrysanthemum weyrichii

Chrysanthemum weyrichii *a des feuilles vert foncé, disposées en rosette basale et s'étale pour former de jolis tapis sempervirents.*

Penstemon *'Six Hills Hybrid'*

Penstemon heterodoxus

Tiges de* Penstemon *sp avec fruits

Penstemon

Ce genre nord-américain très riche possède un nombre important d'espèces botaniques, d'hybrides et de cultivars. Il rencontre donc quelques problèmes de classification.

Penstemon 'Six Hills Hybrid' fait partie des espèces gazonnantes à floraison abondante. Il a environ 15 à 20 cm de haut, ses tiges sont couchées, feuillues et deviennent ligneuses ; en juin-août il se couvre d'une profusion de grandes fleurs symétriques, d'un rose pur.

Penstemon heterodoxus, de la Sierra Nevada, appartenant aux proches parents de *P. procerus*, s'étale pour former un tapis dense, de 4 à 8 cm de haut. La corolle présente un tube orange et des lobes bleu vif. La floraison est très abondante. Les penstemons ont une tendance à "l'apoplexie": un rameau ou une partie de rameau se dessèche brutalement mais si on l'élimine, de nouvelles pousses surgissent rapidement à sa place.
Ces plantes ont besoin d'un sol acide et d'une protection contre le soleil de midi. Les espèces botaniques se multiplient par semis, les cultivars par boutures prélevées en été.

Ces plantes de rocaille tapissantes, sans exigences, doivent être cultivées en sol calcaire, sableux et pierreux, bien drainé, en plein soleil ou en partie abritées de ses rayons. Elles se multiplient facilement par division des touffes ou par semis.

Veronica setureioides

Elle est originaire des Balkans. Ses feuilles sont persistantes, et ses fleurs bleu pourpre. Le fruit est une capsule. Cette espèce s'étale en tapis bas, vert foncé. Elle fleurit en mai et juin. La variété *kellereri*, plutôt plus grande et plus florifère, est originaire de Bulgarie.

Veronica repens

La Corse et la Sardaigne sont les pays d'origine de cette véronique basse, tapissante. Elle a des tiges rampantes, feuillues, radicantes, et des fleurs solitaires blanches ou bleu pâle, à l'aisselle des feuilles. Elle forme des tapis très bas, denses, vert vif, qui font très bel effet en compagnie de bulbes. Elle est parfois abîmée par le gel sec, aussi faut-il la couvrir légèrement pour l'hiver. La floraison a lieu en mai et juin.

Veronica setureioides

Thlaspi bellidifolium

Il a 8 à 10 cm de haut, et des fleurs rose pourpre disposées en racèmes. Les plantes s'étalent en tapis bas, compacts, sempervirents. Il n'est pas exigeant et pousse bien. Il fleurit en avril et mai.

Une espèce similaire, *T. rotundifolium*, est originaire des Alpes et des Carpates mais elle est très fragile et n'est pas facile à cultiver.

***Tiges couchées de* Veronica setureioides**

Veronica repens

Thlaspi bellidifolium

Thlaspi bellidifolium *s'étale en tapis bas, compacts et sempervirents.*

Plantes de mi-ombre à plein soleil

Ces plantes sont assez peu exigeantes mais elles doivent être protégées du soleil de midi. Elles doivent être plantées dans un sol assez humide, bien drainé. La floraison a lieu de mai à juillet. Elles sont multipliées par division des touffes.

Lysimachia nummularia

La Lysimaque à feuilles rondes ou Herbe-aux-écus

Plante couchée, originaire d'Europe où elle pousse dans les prairies humides et en bordure des étangs. Ses tiges ont jusqu'à 50 cm de haut, ses feuilles sont ponctuées de rouge. La corolle à 5 lobes est jaune à points rouges. Cette plante convient pour couvrir des endroits humides, au soleil ou à mi-ombre. Elle fleurit en mai et juin. On trouve souvent dans les jardins un cultivar à feuilles jaunes, *L. nummularia* 'Aurea'.

Lysimachia nummularia

Sedum stoloniferum

Ce bel orpin de 7 à 15 cm de haut, sans exigences, est originaire d'Asie Mineure et du Caucase.
Il a des tiges rampantes, radicantes, rouges et très rameuses. Certaines tiges sont florifères. Les fleurs étoilées, roses, sont disposées en inflorescence lâche. Le fruit est un follicule étoilé.

Cet orpin s'étale rapidement en tapis décoratifs, qui fleurissent abondamment. Il fleurit en juin et juillet.

L'Orpin bâtard, *S. spurium*, est une espèce voisine, plus robuste, à feuilles ciliées, dont les fleurs et les fruits ne sont pas étoilés.

Sedum stoloniferum

Androsace sempervivoides

C'est une plante sans exigences, facile à cultiver, originaire des hautes altitudes de l'Himalaya où elle pousse en lisière de forêt et dans les pâturages. Ses feuilles plutôt charnues, ciliées sur le bord inférieur, poussent en petite rosette basale hémisphérique. La tige nue, de 4 à 8 cm de haut, s'achève par une ombelle dense de fleurs roses et a 5 à 8 cm de diamètre. Le fruit est une capsule sphérique. Elle produit de nombreux stolons de 3 à 5 cm de long, terminés par des rosettes de feuilles radicantes, qui s'étalent pour former de jolis tapis. Elle fleurit en mai et juin-juillet.

Androsace sempervivoides

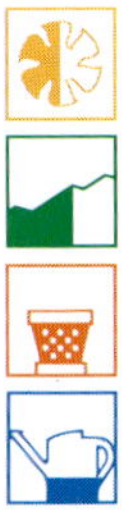

Plantes de mi-ombre

Il leur faut un sol humifère, humide, pierreux. Elles ne tolèrent pas le plein soleil et doivent donc être plantées à l'abri ou à mi-ombre. Elles produisent de nombreuses et jolies fleurs et se multiplient par division.

Primula juliae

Cette primevère qui n'a que 5 à 7 cm de haut, provient du Transcaucase où elle pousse dans les lieux humides, pierreux et herbeux. C'est la seule primevère formant des stolons souterrains qui lui permettent de s'étaler pour former de jolis tapis. Les feuilles, sur de longs pétioles, sont disposées en rosette basale ; il n'y a pas de tige. Au bout de 3 à 4 ans, les plantes doivent être déterrées, divisées et replantées.

La floraison a lieu en mars et avril. Elle est souvent utilisée pour l'hybridation avec d'autres espèces de primevères.

Primula juliae

Mazus stolonifer

Saxifraga x arendsii *'Weiserzwerg'*

Saxifraga x arendsii *'Rosenzwerg'*

***Rosette de feuilles ornementale de* Saxifraga x arendsii**

Mazus stolonifer

Cette plante, originaire du Japon, produit des stolons feuillus radicants grâce auxquels elle s'étale pour former des tapis décoratifs, vert vif, surtout jolis au moment de la floraison. Ses fleurs symétriques, violettes, poussent sur des pédoncules de 1 à 3 cm de long, en mai et juin. Cette plante doit être assez arrosée au printemps mais il lui faut de la sécheresse en hiver et on devra donc la couvrir correctement.

Saxifraga x arendsii

Cette plante et ses cultivars forment l'un des groupes d'hybrides les plus riches, de la subdivision Dactyloides ; on l'appelle généralement *Saxifraga Arendsii-Hybrides.* Ces croisements très décoratifs et résistants produisent souvent de grandes fleurs. Les plus petits cultivars comprennent *Saxifraga x arendsii* 'Rosenzwerg', de seulement 4 à 6 cm de haut, à grandes fleurs rouges et aussi encore plus petit, 'Weiserzwerg', à fleurs blanches. De leur tapis vert profond part, en avril et mai, une floraison abondante.

Ces plantes, qui forment d'assez grands tapis, sont conseillées pour les endroits abrités, à mi-ombre, d'une rocaille, en sol humide, bien drainé et humifère. On les multiplie par division des tiges enracinées, par boutures et par semis dès que les graines sont mûres.

Phlox adsurgens

Ce phlox a des tiges couchées, et de petites fleurs roses à œil jaune. Originaire de Californie et d'Oregon, il forme de grands tapis dans les forêts de feuillus ; en rocaille, il doit être placé en sol humifère, léger, et dans un endroit ombreux et froid. Il fleurit en mai-juin. Plus beau que l'espèce botanique, le cultivar 'Wagon Wheels' a de grandes fleurs roses : c'est le plus beau phlox tapissant.

Polygala chamaebuxus

Le Faux-buis

C'est un sous-arbrisseau sempervirent, de 10 à 15 cm de haut, originaire des forêts de montagne d'Europe. Ses tiges, à base ligneuse, sont couchées et radicantes, elles ont parfois jusqu'à 30 cm de long et des extrémités redressées. De 1 à 3 fleurs poussent à l'aisselle des feuilles. La corolle est blanc jaune, les ailes jaunes virent au rouge à la fin de la floraison qui a lieu entre avril et juillet. Il a une seconde floraison en automne.

L'espèce similaire, *P. vayredae (Chamaebuxus vayredae)*, est originaire d'Espagne et de l'est des Pyrénées. Elle a des feuilles étroites lancéolées, vert foncé, et des fleurs rouge rosâtre à carène jaune.

Elle ne supporte pas les hivers sans neige. Certains horticulteurs conseillent de l'hiverner en serre car la neige les protège du gel. De nombreux stolons souterrains lui permettent de s'étaler en tapis lâches en terrain humide. Il est préférable de la planter dans une fissure où elle formera lentement

Phlox adsurgens

Polygala chamaebuxus

Polygala vayredae

Silene vallesia

un épais tapis bien fleuri qui ne sera pas abîmé par le gel. Elle fleurit en avril et mai.

Silene vallesia

Cette silène à poils glanduleux, qui s'étale spontanément et mesure 15 à 20 cm de haut, est originaire des régions montagneuses chaudes des Alpes, des Apennins et des Balkans, où elle pousse sur les rochers, dans les pierriers et les pâturages. Les lobes de la corolle sont profondément divisés, rose pâle dessus et rougeâtres dessous. Elle s'étale pour former des tapis assez grands et préfère les sols acides. Elle fleurit en juillet et août.

Ces plantes de rocaille doivent être cultivées à mi-ombre, dans un sol acide, humide et riche en humus. Plus exposées au soleil, il faudra leur donner davantage d'eau. La meilleure méthode de multiplication est la division.

Saxifraga hirsuta

La Saxifrage hirsute

Elle est originaire d'Espagne, des Pyrénées, du sud-ouest de l'Irlande et des Vosges. La tige dressée, de 12 à 20 voire 30 cm de haut, porte un racème lâche de fleurs blanches ; les pétales sont jaunâtres à la base. Cette saxifrage produit des tiges aériennes courtes qui lui permettent de s'étaler en de jolis tapis denses, vert foncé. Elle se plaira même à l'ombre mais les plantes seront alors trop basses. La floraison a lieu en juillet et août.

Cornus canadensis

C'est un semi-arbrisseau à rhizomes souterrains rampants, originaire de la zone septentrionale tempérée d'Amérique du Nord où il pousse dans les forêts humides, moussues,

Saxifraga hirsuta

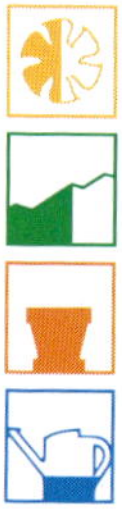

Cornus canadensis

riches en humus. Les minuscules fleurs jaunes sont réunies en un petit capitule compact, supporté par 4 grandes bractées : l'ensemble donne l'impression d'une fleur unique. Les fruits rouges sphériques ne mûrissent pas avant le printemps suivant. Ce cornouiller peut être conseillé sous les rhododendrons, pour la partie "forestière" d'une rocaille, pour les endroits humides mais non détrempés. On le multiplie par division en automne ou au début du printemps; le semis est un travail de très longue haleine. Il fleurit entre mai et juillet.

Le Cornouiller de Suède, *C. suaecica*, est une espèce très similaire qui pousse lentement.

Hypsela longiflora

Cette très jolie plante rampante, qui s'étale pour former des tapis bas et denses, est originaire d'Amérique du Sud. Les fleurs blanchâtres parfois lavées de violet sont portées par des pédoncules courts à l'aisselle des feuilles entre mai et juillet.

Hypsela longiflora

Elles poussent et fleurissent dans n'importe quelle terre de jardin et se multiplient par division. Elles conviennent pour couvrir de grands espaces sous des plantes ligneuses.

Waldsteinia ternata

Cette plante de 10 cm de hauteur a un rhizome rampant et des stolons aériens radicants. A l'aisselle des feuilles poussent des tiges dressées, velues, portant une inflorescence lâche de 3 à 7 fleurs jaunes. Cette plante pousse à l'état sauvage de l'Europe au Japon, à travers la Sibérie, dans les forêts claires. Elle fleurit entre avril et juin.

Lamium maculatum

Le Lamier tacheté

Il a des stolons souterrains et aériens qui lui permettent de former rapidement de grands tapis. Les tiges couchées et redressées ont 20 à 30 cm de long, parfois davantage, et les feuilles à long pétiole ont le bord

Feuille de Waldsteinia *geoides. Ses feuilles persistantes sont pétiolées et composées de 3 folioles. Velues sur les deux faces, elles ont un bord denticulé.*

Waldsteinia ternata

Lamium maculatum *'Silbergröschen'*

grossièrement crénelé. Les fleurs roses, avec un tube incurvé, poussent en pseudo-verticilles sessiles, à l'aisselle des feuilles supérieures. Ce lamier pousse dans les forêts claires de feuillus et les massifs d'arbustes, depuis l'Europe jusqu'à la Sibérie orientale. Ses jolis cultivars sont plus couramment cultivés que l'espèce botanique, par exemple 'Silbergröschen' à feuilles argentées vues de dessus et à fleurs rose pur. Elle fleurit d'avril à l'automne.

Saxifraga cuneifolia

La Saxifrage à feuilles en coin

Ses feuilles coriaces, glabres, persistantes sont rouge pourpre dessous en hiver, les tiges de 8 à 20 cm de haut sont velues et glanduleuses et les minuscules fleurs étoilées blanches, tachées de jaune, sont en racème lâche. Elle provient des basses altitudes des montagnes d'Europe centrale et méridionale où elle pousse sur les pentes ombreuses et pierreuses et dans les rochers humides, les forêts de conifères, le plus souvent en sol siliceux. Elle fleurit en juillet et août.

Saxifraga cuneifolia

Plantes d'ombre

Elles se plaisent dans une bonne terre de jardin riche en humus. On les multiplie facilement par division. Elles conviennent pour la partie "forestière" de la rocaille.

Vinca minor

La Petite Pervenche

Cette pervenche sempervirente a des pousses florifères dressées, de 10 à 20 cm de haut, et des pousses feuillues, qui ne fleurissent pas, de 60 cm de long, radicantes et devenant ligneuses à la base. Les feuilles coriaces, vert foncé, sont luisantes dessus et les fleurs solitaires, à l'aisselle des feuilles, sont bleues ou blanches (*V. minor* 'Alba'), exceptionnellement roses à rouges (*V. minor* 'Rubra'). Elle pousse de l'Europe à l'Asie Mineure, généralement dans les forêts claires et les massifs d'arbustes, depuis la plaine jusqu'aux contreforts des montagnes. Outre les cultivars précédemment mentionnés, à fleurs de couleurs diverses, on cultive aussi communément *V. minor* 'Variegata' à feuilles panachées de jaune. Les pervenches fleurissent entre mars et juin.

Vinca minor

Asarum europaeum

Asarum europaeum

L'Asaret

Il provient des forêts de feuillus, ombreuses et humides, d'Europe, de Russie et de Sibérie. C'est une plante sempervirente de 5 à 10 cm de haut. Ses fleurs à court pétiole et à périanthe campanulé présentent un intérêt.
Le fruit est une capsule coriace.
La floraison a lieu entre mars et mai.

Arenaria balearica

La Sabline des Baléares

C'est la plante tapissante sempervirente la plus basse. Ses tiges radicantes, très feuillues, s'agrippent au sol et recouvrent rapidement le terrain d'un tapis vert profond. Les fleurs blanches sont solitaires. Cette sabline est originaire des îles Baléares, de la Corse et de la Sardaigne. Elle est parfois abîmée par le gel en hiver mais elle réapparaît généralement au printemps, parfois même dans d'autres parties de la rocaille.
Elle fleurit entre avril et août.

Arenaria balearica

Plantes pour bacs, vasques et jardinières

De nombreuses personnes, surtout des citadins ne disposant pas de jardin, aspirent à avoir un petit coin de nature sous la main. Ceux qui ont la chance de posséder une terrasse ou un balcon peuvent les décorer avec un bac en pierre de taille appropriée, des vasques et des jardinières, ou encore bâtir une rocaille dans un coin. Le résultat ne dépend pas seulement de l'espace disponible mais aussi de l'imagination et de la créativité.

Il n'est pas très difficile de se procurer des pierres pour ce type de rocaille miniature. Vous devez seulement décider à l'avance du type de pierre que vous voulez employer. Le meilleur matériau pour les espèces calcicoles est le travertin, où de nombreuses petites plantes de rocaille poussent à merveille, mais vous pouvez aussi employer de la pierre calcaire. Ajoutez aussi du gravier calcaire au substrat. Pour les plantes calcifuges, on peut conseiller le gneiss ou le granite. Lorsque vous employez du grès, vérifiez d'abord son pH, celui-ci dépend du matériau qui lie les particules de sable. Aucune rocaille, pas même miniature, ne doit être construite avec des pierres sortant d'une carrière, mais uniquement avec des pierres bien vieillies.

Le sable employé pour la couche de surface doit être préparé avec la même pierre que celle utilisée

Bloc de travertin avec des plantes

pour la construction. Le substrat de plantation doit être perméable, léger et riche en humus. L'idéal est une terre de gazon et un terreau de feuilles, additionnés de sable de rivière grossier, éventuellement d'aiguilles de pins (qui remplaceront avantageusement la tourbe). De nombreuses plantes apprécient les feuilles de hêtre compostées dans le substrat.

Le contenant avec les pierres et le substrat doit d'abord être bien arrosé pour que la terre se tasse. Ensuite, ajoutez de la terre, si nécessaire, et commencez les plantations. Terminez en éparpillant le fin gravier préparé autour du collet des plantes et entre les touffes. Il est aussi possible d'employer de grandes pierres pour les auges et les vasques. Les grands blocs de travertin peuvent être aménagés en y forant des trous d'environ 7 à 10 cm de profondeur et 3 cm de large, où vous pourrez placer certaines plantes en coussins, difficiles à cultiver, comme *Edraianthus*, certaines draves et surtout des saxifrages du groupe *Porophyllum*, qui ainsi pousseront mieux que si elles étaient directement plantées dans le substrat. Certaines espèces à port retombant, comme les campanules peuvent être plantées près du bord de la jardinière ; elles y formeront de belles cascades, surtout au moment de la floraison.

Les plantes herbacées peuvent être complétées par certains cultivars d'espèces ligneuses, à croissance lente. On taillera les plantes ligneuses à feuillage caduc pour limiter leur croissance et on pincera les conifères. La gamme de plantes pour jardinières peut être enrichie par des petits bulbes et tubercules comme les jacinthes bleues, les narcisses, les anémones, les éranthes et les cyclamens.

Préparation des contenants

Pour une rocaille miniature, le contenant doit avoir au moins 25 cm de profondeur quel que soit le diamètre.

N'employez jamais des pots se rétrécissant au sommet car ils sont souvent cassés par le gel ; au contraire, utilisez des pots évasés avec des trous d'écoulement au fond. Couvrez le trou d'un morceau de poterie cassée et mettez une couche drainante au fond (sur 1/4 ou 1/3 de la profondeur du pot). L'idéal sera du gravier grossier, des tessons de pots de fleurs ou des morceaux de briques. N'utilisez jamais du sable argileux car l'argile lessivée pourrait obturer le trou de drainage. Recouvrez d'une fine couche de sphaignes ou d'un treillis serré de nylon. Cela évite que le sol ne soit lessivé dans la couche drainante, ce qui empêcherait l'eau de s'écouler.

La pierre, mais aussi le bois, se marie bien avec les plantes. Les auges en pierre, qui conviennent

le mieux pour les petites rocailles, sont plutôt rares de nos jours, à la place vous pouvez prendre un bac en bois, assez facile à réaliser. Prenez un morceau de tronc d'arbre, creusez l'intérieur, polissez les surfaces internes et brûlez le bac

Coupe d'un contenant avec plantes et pierres

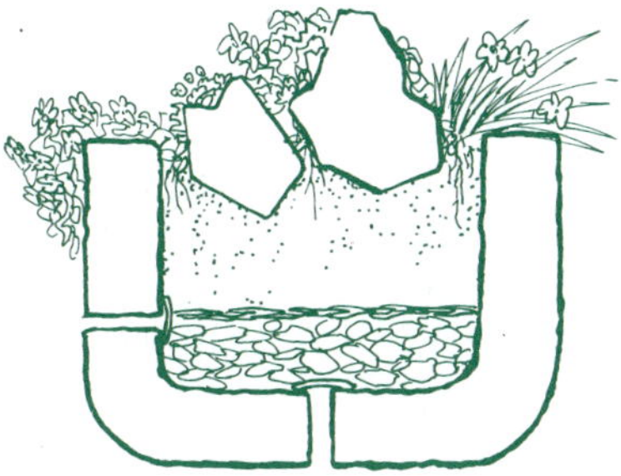

Pots en céramique pour une "mini-rocaille"

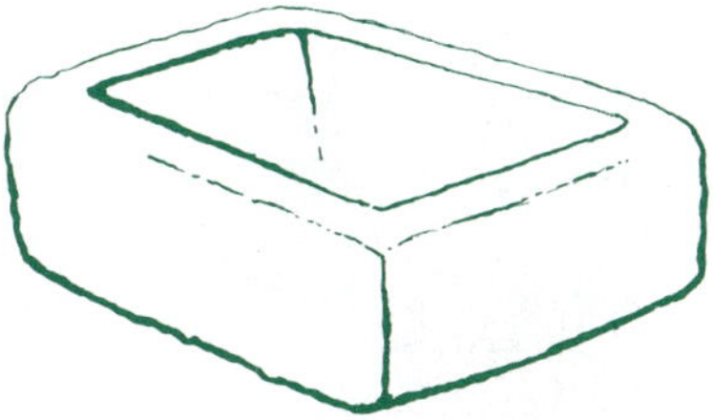

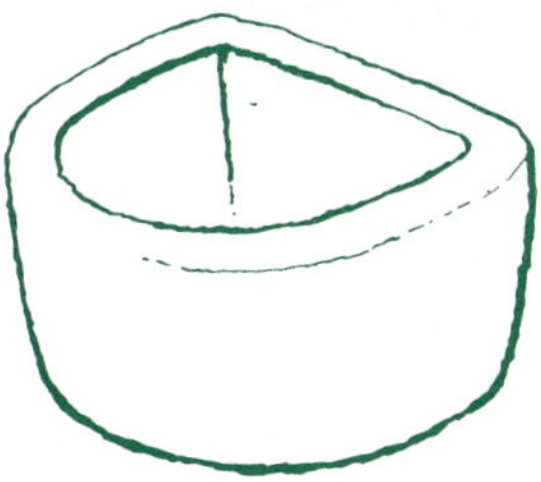

à la fois à l'intérieur et à l'extérieur pour obtenir une couche noire de 5 à 10 mm d'épaisseur. Frottez l'extérieur avec une brosse métalllique, traitez l'intérieur avec trois couches de vernis et une couche de goudron. L'extérieur sera peint avec un vernis incolore. Percez des trous dans le fond pour permettre l'évacuation de l'excès d'eau et clouez le bac terminé sur des blocs de bois pour obtenir une meilleure stabilité. De même vous pouvez transformer une grande souche d'arbre en vasque. Un bac en bois contenant une petite rocaille produit un très bel effet, mais demande une préparation particulière. Il est beaucoup plus facile de construire une caisse de planches de 3 cm d'épaisseur et d'au moins 30 cm de large ; la longueur dépendra de la taille du lieu que vous voulez décorer. Vernissez aussi bien l'intérieur que l'extérieur de la caisse.

Dans les différents bacs et jardinières, le sol s'assèche plus vite et les arrosages devront donc être plus abondants. Pour la même raison vous ne devez pas les placer en plein soleil. Pour l'hiver, protégez le bac avec un matériau d'isolation approprié ; les petites vasques peuvent être placées dans une caisse remplie de sable et leur surface couverte de branchages. Au bout de quelques années, enlevez la terre et les pierres, nettoyez le récipient, prenez de la nouvelle terre et réinstallez la rocaille.

Plantes pour situations légèrement à l'ombre

Il leur faut un emplacement à l'abri des rayons du soleil, la jardinière sera donc protégée du soleil direct, surtout à midi. Employez une terre pierreuse et calcaire.

Aquilegia flabellata

Cette ancolie sans exigences, de 15 à 20 cm de haut, est originaire du Japon. Cette plante doit être cultivée dans un sol humifère, à l'abri des rayons du soleil ou à mi-ombre. Elle fleurit en mai et juin-juillet. C'est son cultivar 'Nana', plus bas, de seulement 12 à 15 cm de haut, et sa forme à fleurs blanches 'Nana alba', qui sont surtout cultivés. Les ancolies se multiplient facilement par semis mais si vous voulez conserver les caractères de certaines espèces ou cultivars, il est nécessaire de diviser la plante. Elles ont tendance à s'hybrider spontanément et si dans un jardin vous avez plusieurs espèces d'ancolie que vous laissez se ressemer, vous pouvez obtenir des plantes de différentes tailles, avec des fleurs de couleurs diverses. Vous serez sans doute embarrassé lorsqu'il vous faudra choisir celles que vous voulez garder et celles qui doivent être éliminées.

La fleur d'ancolie présente une anatomie intéressante : les cinq pétales intérieurs sont en cornet et s'avancent en éperon, les cinq pétales extérieurs sont sans éperon et souvent de couleur différente. La longueur et la forme de l'éperon sont des caractères distinctifs importants.

Pour les petites rocailles et les vasques, on peut aussi conseiller *A. bertolonii*, originaire des Alpes et des Apennins, *A. pyrenaica*, des Pyrénées et du nord de l'Espagne, deux ancolies à grandes fleurs bleu pur, ou *A. discolor*, originaire d'Espagne, à fleurs bicolores blanc crème et bleu.

Aquilegia bertolonii

Arabis bryoides

Arabis bryoides

Cette arabette pousse à l'état sauvage du sud des Balkans à l'Asie Mineure, dans les lieux pierreux ou caillouteux. Ses rosettes de feuilles à poils blancs forment un épais coussin bas, atteignant 8 cm de diamètre. Les tiges feuillues ont 3-5 cm de haut et s'achèvent par un court racème de fleurs blanches relativement grandes. Cette plante doit être protégée de l'humidité permanente, entourez donc son collet de gravier fin. Floraison en juillet-août.

Silene acaulis

Silene acaulis

Le Silène acaule

Il est originaire des hautes montagnes d'Europe et de l'Arctique et pousse sur les pentes pierreuses, dans les rochers et les éboulis.
Il forme un tapis dense de 2 à 3 cm d'épaisseur ; en rocaille, surtout en plaine, il ne fleurit pas aussi abondamment que dans son habitat naturel. Il a des feuilles linéaires et des fleurs roses, de 6 à 10 mm de diamètre, portées par des pédoncules courts. Le fruit est une capsule à 6 dents. On multiplie le Silène acaule par semis, par division et par bouturage. Il fleurit en juin et juillet-août. Certaines sous-espèces et variétés intéressantes sont aussi souvent cultivées en rocaille. *S. acaulis* ssp. *elongata* a des feuilles plus larges et des pétales profondément divisés. Ssp. *excapa*, à pédoncule floral très court, a des fleurs rose pâle. Ssp. *pannonica* pousse sur calcaire. Var. *alba* est à fleurs blanches et la variété *plena* à fleurs doubles.

Plantes pour soleil et ombre légère

Elles doivent être protégées du soleil de midi et il leur faut un sol pierreux, bien drainé. Elles poussent bien et fleurissent au printemps.

Bellium minutum

Cette paquerolle qui n'a que 3 à 6 cm de haut, pousse dans les sols perméables de la zone méditerranéenne, en Grèce, en Crète et en Asie Mineure. C'est une jolie pâquerette miniature. Les feuilles sont disposées en rosette basale et les tiges portent des capitules de 5 à 7 mm. C'est une excellente plante pour couvrir les bulbes en été. Elle est sans exigences mais ne vit pas très longtemps.
Il est donc nécessaire de diviser les touffes de temps en temps pour obtenir de nouveaux individus.
Elle se propage parfois par semis spontané et fleurit entre mai et juillet.

Bellium minutum

Armeria juniperifolia ***forme continuellement de nouvelles rosettes et la plante s'étale ainsi en coussins denses.***

Armeria juniperifolia

Armeria juniperifolia

Cette armérie, qui n'a que 5 à 8 cm de haut, compte parmi les plus petites du genre. On la trouve au Portugal, en Espagne et dans les Pyrénées, dans des fissures de rochers et lieux pierreux. Le cultivar 'Bevan's Variety' est même plus petit et très compact. Les espèces types se multiplient par semis, les cultivars par boutures prélevées en juin ou juillet. Les vieux plants ont tendance à se dénuder au centre du coussin. La floraison a lieu en avril et mai.

Viola sororia

Cette pensée nous vient d'Amérique du Nord. Les grandes fleurs sont violettes à lavande ; il existe aussi un très joli cultivar à fleurs blanches 'Albiflora'. Cette plante sans exigences n'est pas envahissante. Elle fleurit en avril et mai.

Viola sororia *'Albiflora'*

Sites ensoleillés à légèrement ombragés

Ce sont des plantes sans exigences, indifférentes à la qualité du sol, qui viendront bien dans toute terre de jardin.

Sedum floriferum

Cet orpin, de 8 à 10 cm de haut, qui forme des coussins, nous vient de Chine. Il a un rhizome ligneux, des feuilles sessiles, inversement lancéolées, se rétrécissant vers la base. Les fleurs jaunes, pentamères, étoilées, ont 12 mm de diamètre et les fruits, de longs follicules jaune vert étalés, ont de longs becs droits. Cette plante se multiplie par division. Elle fleurit en juillet et août.

L'espèce similaire *S. kamtschaticum* a une tige simple, atteignant 25 cm de haut.

Sedum floriferum

Sedum floriferum, ***à floraison abondante, a des tiges couchées et redressées, terminées par une inflorescence lâche en cyme, ramifiée dans sa partie supérieure, avec de nombreux rameaux florifères.***

Solidago virgaurea
ssp. alpestris

Solidago virgaurea

La Verge d'or

C'est une plante de taille très variable, de 5 à 120 cm. Pour les petites rocailles et jardinières vous devez donc choisir *S. virgaurea* ssp. *alpestris (S. alpestris)*, originaire des forêts claires, des massifs d'arbustes et des rochers des montagnes d'Europe et des régions arctiques d'Eurasie et d'Amérique du Nord. Sa floraison tardive et longue (de juillet à octobre) est un autre avantage. Pour les auges, bacs et jardinières, la sous-espèce minuta *(S. minuta)*, de seulement 3 à 7 cm de haut, est préférable. Les solidages se multiplient facilement par division ou par semis.

Viola jooi

Cette très belle violette, sans exigences, originaire de Transylvanie, a 10 cm de haut et ne produit pas de stolons. Les fleurs parfumées sont rose-violet pâle. La plante produit aussi de nombreuses fleurs cléistogames : celles-ci s'auto-fécondent et fructifient sans jamais s'ouvrir. Le fruit est une capsule en trois parties. Cette violette se propage par semis spontané. Elle fleurit en avril et mai.

Viola jooi

Plantes pour plein soleil

Ces minuscules plantes de rocaille conviennent même pour de petites coupes. Plantez-les en sol caillouteux, bien drainé. Placez les coupes en plein soleil. La floraison a lieu en été.

Asperula gussonii

Cette aspérule basse, de 3-4 cm, originaire des Apennins, forme des coussins denses. Ses fleurs délicates, roses, à 4 pétales, sont presque sessiles sur les coussins de feuilles. Cette gracieuse plante de rocaille ne supporte pas une trop grande humidité. On la multiplie par semis ou par division. Elle fleurit en juillet et août.

Sedum dasyphyllum

Le Sédum à feuilles épaisses

Ce sédum est répandu en Europe centrale et méridionale et en Afrique du Nord où on peut le trouver dans les éboulis, les pierriers, sur les murs et dans les lieux ensoleillés sur sol acide. Il forme des tapis vert

Asperula gussonii ***ne supporte pas une trop grande humidité et doit être couverte d'une vitre en hiver. On la multiplie par semis ou par division.***

Asperula gussonii

Sedum dasyphyllum

grisâtre de 3 à 5 cm d'épaisseur. Les feuilles charnues, ovoïdes et glanduleuses sont vert grisâtre, parfois rosâtres. La plante présente de nombreuses tiges très feuillues qui ne fleurissent pas. Les fleurs étoilées sont blanches ou rosées, mouchetées de jaune à la base et avec une bande pourpre sur la face extérieure; les fruits, des follicules, sont dressés. La plante se multiplie par division. Elle fleurit de juin à août. C'est une espèce très variable.

Carex firma

Cette herbe en touffes, de seulement 3 à 5 cm de haut, pousse à l'étage alpin dans les Pyrénées, les Alpes et les Carpates, sur les pentes herbeuses pierreuses, dans les rochers et éboulis, surtout sur sol calcaire; mais elle vient tout aussi bien en sol caillouteux normal. On multiplie ce carex par division et il fleurit de juin à août. Le cultivar 'Variegata' à feuilles bordées de jaune est plus couramment cultivé.

Carex firma
'Variegata'
(avec fruit)

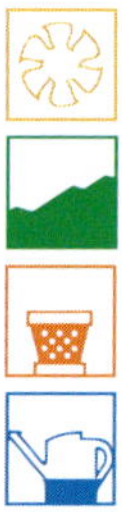

Il faut les cultiver dans un sol neutre à acide, bacs placés en plein soleil. La floraison a lieu en été.

Rhodohypoxis bauri

Ce magnifique bulbe minuscule nous vient des monts du Dragon en Afrique du Sud. Les fleurs simples sont roses, rouges ou carmin, même blanches dans la variété *platypetala*. Cette plante fleurit tout l'été, de mai à septembre, et de nouveaux boutons se forment, presque tous les jours. Elle a besoin d'un sol acide, riche et humifère, additionné de tourbe et de sable grossier. Il lui faut une humidité permanente pendant la période de végétation et de la sécheresse en hiver. En raison de ces exigences, il est préférable de planter ces bulbes minuscules dans des pots de fleurs remplis du substrat conseillé. En automne sortez-les du pot, rangez-les dans un endroit sec et frais. Vous serez récompensé des soins que vous prodiguerez à cette plante gracieuse, à floraison incessante. On la multiplie par les bulbes qui se forment en abondance, et par semis.

Origanum rotundifolium

Cet origan intéressant, de 10 à 13 cm de haut, est originaire d'Arménie. Les petites fleurs rose pourpre, symétriques, poussent à l'aisselle de bractées blanches. C'est une plante sans exigences qui pousse bien en sol pierreux, perméable. On la multiplie par semis et elle fleurit en juin et juillet.

Rhodohypoxis bauri

Origanum rotundifolium

Erodium petraeum

Erodium petraeum

L'Erodium des pierres

Cette plante de 10 à 13 cm de haut, en touffes, nous vient d'Espagne et d'Afrique du Nord. Elle a des feuilles vert gris, et des tiges dressées avec 3 à 4 fleurs ornementales. Les pétales sont rose pâle ; les deux pétales supérieurs ont une tache foncée à la base. Le fruit, muni d'un bec, est composé de 5 articulations à une graine, reliées par l'arête à une colonne commune. A maturité les différentes articulations se détachent, se redressent en arc de cercle et par temps sec et ensoleillé les arêtes hygroscopiques s'enroulent en spirale, éjectant les graines et facilitant ainsi leur enfouissement dans le sol. Malheureusement, cet érodium ne vit pas très longtemps et est très sensible au gel ; il faut le couvrir pour l'hiver. Il fleurit de mai à août.

***Touffe d'*Origanum rotundifolium**

Ces plantes basses, gracieuses, ont besoin d'un bon drainage et vous devrez donc leur fournir un substrat perméable, calcaire, additionné d'une bonne quantité de gravier. Elles ont une longue floraison mais sont parfois assez fragiles et doivent être protégées du gel et de l'humidité.

Erodium reichardii

Cet érodium pousse aux Baléares sur roches calcaires. Ses feuilles vert foncé forment des coussins denses. Les fleurs simples sont blanches, lavées de rose et à nervures rouges. On cultive souvent des plantes à fleurs roses nervurées de rouge foncé (*E. reichardii* 'Roseum'). Cette plante se multiplie par semis, par division ou par bouturage. Elle fleurit entre juin et août.

Asperula suberosa

Cette jolie plante fragile est originaire de Grèce. Elle est entièrement couverte de poils étalés gris, ses tiges couchées ont jusqu'à 10 cm de long et sont ramifiées et feuillues, les feuilles étant disposées en verticilles, par 4 à 6. Les fleurs sont en cyme lâche, la corolle est rose pur, avec un tube très long et 4 lobes, le fruit est un double akène. Cette aspérule fleurit de mai à l'automne et forme des coussins lâches, très délicats. Les akènes germent avec difficulté et il est donc préférable de multiplier cette plante par division.

Erodium reichardii *'Roseum'*

***Fruits d'*Erodium**

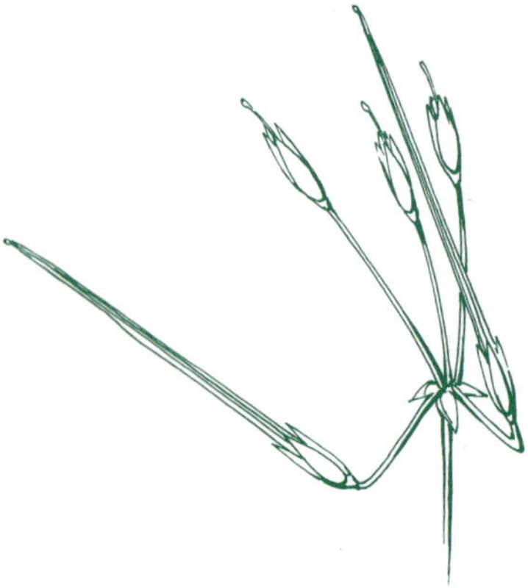

Asperula suberosa

Erigeron aureus

Cette vergerette d'Amérique du Nord mesure 5 à 8 cm et a des feuilles lancéolées en rosette basale, une tige dressée portant un capitule simple. Fragile, elle doit être protégée de l'humidité stagnante par une couche de graviers fins autour du collet. On la multiplie par semis ou par division des touffes. Elle fleurit d'avril à l'automne.

Il n'existe pas beaucoup d'érigérons bas à fleurs jaunes. On peut aussi conseiller *E. chrysopsidis* et *E. linearis*, ainsi que l'espèce plus grande, entre 20 et 25 cm, *E. aurantiacus*, originaire du Turkestan. Tous sont fragiles et ne vivent pas longtemps. Ils fleurissent d'avril à l'automne.

Erigeron aureus

Hivernage des plantes

Il faut les cultiver dans un sol neutre, sableux et pierreux, avec un bon drainage, de préférence dans des crevasses entre les pierres. Elles sont assez rustiques, fleurissent bien et n'ont pas besoin de soins particuliers. Les bacs seront placés en plein soleil.

Draba x *salomonii*

Cette belle drave hybride sans exigences, à floraison généreuse, forme des coussins denses, hémisphériques, de 6 à 8 cm de large. Les tiges feuillues, de 6 cm de haut, se terminent par un court racème de grandes fleurs blanches. Cette drave se multiplie par division après la floraison. Elle fleurit en mars et avril.

Dianthus nardiformis

C'est un œillet intéressant, relativement peu cultivé, originaire du sud-est des Balkans où il pousse en sol perméable, sableux. Il mesure 8 à 10 voire 14 cm de haut et forme de riches touffes lâches. Les nombreuses tiges feuillues sont ramifiées et portent une seule fleur à chaque extrémité. Les feuilles dures, pointues, comme des aiguilles, présentent une coupe triangulaire. Elles poussent presque à la verticale, en direction des tiges, ce qui donne aux touffes leur aspect bien aéré. Les fleurs rose-rouge ont des lobes ciliés, crénelés. On le multiplie par semis. Il fleurit en juin et juillet.

Draba x salomonii : multiplication par division

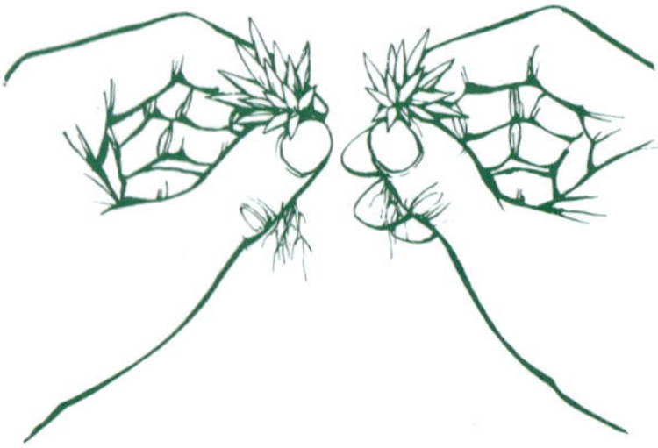

Draba x salomonii

Dianthus nardiformis

Antennaria dioica

Le Pied-de-chat

Cette plante largement répandue se propage grâce à ses nombreuses pousses feuillues aériennes formant de grands tapis grisâtres. L'espèce type ne convient pas pour les bacs et vasques mais pour ces contenants vous pouvez employer le cultivar 'Roy Dawidson'. Il mesure 2 à 3 cm au moment de la floraison et lorsque les fleurs sont fanées les tiges s'allongent jusqu'à 6 à 8 cm. Cette plante sans exigences est idéale pour les fissures entre les pierres. Elle doit être cultivée dans un sol pauvre et pierreux ; en sol riche et humide et avec un ensoleillement moindre elle pousse trop haut et perd son joli port bas et compact. Le Pied-de-chat se multiplie par division et fleurit de mai à juillet.

Antennaria dioica *'Roy Dawidson'*

Ces plantes herbacées sans exigences sont un excellent choix pour les jardinières placées en plein soleil. Le substrat doit être perméable, pierreux, calcaire et bien drainé. La floraison a lieu en été.

Campanula tommasiniana

Elle pousse dans les hêtraies d'Europe méridionale sur sol calcaire. Elle possède un rhizome épais et des tiges plutôt grêles, densément feuillues, qui forment très vite une touffe riche. Les fleurs, des clochettes étroitement cylindriques, poussent sur de courts pédoncules à l'aisselle des feuilles lancéolées. Cette campanule se multiplie par semis et se ressème souvent naturellement. Elle fleurit en juillet et août.

Arenaria tetraquetra

Cette sabline pousse dans les endroits secs et calcaires au Portugal et en Espagne, formant des tapis denses, plats, de seulement 2 à 3 cm d'épaisseur. Les tiges sont couvertes de feuilles imbriquées ; celles-ci sont ovales, dures, recourbées à la pointe. Les fleurs solitaires, de 5 à 9 mm de diamètre, sont tétramères à pentamères, blanches et comme sessiles sur les feuilles. Cette espèce se multiplie par division après la floraison, par bouturage à la fin de l'été ou par semis. Elle fleurit en juillet et août.

Campanula tommasiniana

Erysimum kotschyanum

On cultive aussi souvent l'espèce encore plus petite *A. tetraquetra* var. *granatensis (A. nevadensis).*

Erysimum kotschyanum

Cette plante de 5 à 7 cm de haut est originaire d'Asie mineure sur roches calcaires ensoleillées. Les feuilles étroites, linéaires, poussent en touffes épaisses, la tige dressée, feuillue, devient ligneuse à la base et s'achève par un racème lâche de grandes fleurs jaunes. Cette plante aime le soleil mais doit être protégée de ses rayons ardents à midi. Elle prospérera surtout dans des fissures entre les pierres où ses racines resteront au frais. Elle ne forme pas de graines et peut être multipliée par boutures ligneuses. Les vieux plants n'apprécient guère la transplantation. Cette espèce fleurit en juin et juillet.

Arenaria tetraquetra

Ces plantes de rocaille doivent être cultivées dans un sol pierreux, perméable, de préférence dans les fissures entre les pierres ; les vasques peuvent être placées en plein soleil. De culture facile, ces plantes poussent bien et fleurissent en été.

Saponaria x *olivana*

Il s'agit là d'un croisement couramment cultivé. Les tiges ont 6 à 10 cm de haut et les fleurs rouge rosâtre, ont jusqu'à 2 cm de diamètre. On la multiplie par boutures après la floraison. Les vieux plants ont de longues racines et leur transplantation ne réussit pas toujours. *S.* x *olivana* fleurit en juin et juillet. Ses parents sont la Saponaire gazonnante *(S. caespitosa)* relativement haute et la petite *S. pumila (S. pumilio)*, portant des fleurs solitaires, rouge-rose foncé. Sa longue floraison n'est pas aussi abondante en rocaille que celle de ses hybrides.

Draba haynaldii

Cette drave est originaire des roches calcaires de Transylvanie.

Saponaria *x* olivana

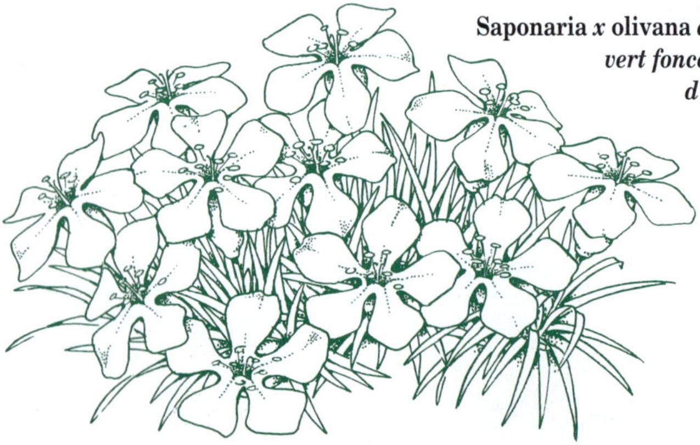

Saponaria *x* olivana *a des feuilles vert foncé, lancéolées, d'à peine 5 cm de long, formant un coussin dense.*

Draba haynaldii

Haute de 5 à 7 voire 8 cm, elle forme avec ses rosettes de feuilles des coussins hémisphériques. Les feuilles sont ciliées et portent de longs poils aux extrémités, la tige est dressée et glabre, et les fleurs jaunes, relativement grandes, sont disposées en racème lâche de 3 à 8 fleurs. Cette espèce poussera mieux en sol pauvre, perméable, et en plein soleil. On la multiplie par semis ou par boutures. Elle fleurit en mai et juin-juillet.

Globularia incanescens

Cette globulaire de 4 à 10 cm de haut est originaire des Alpes et des Apennins où elle pousse sur les pentes ensoleillées et dans les éboulis. Elle a un rhizome ligneux, des feuilles entières se rétrécissant en pétiole et des tiges feuillues simples, dressées, portant une tête florale de 15 mm de diamètre. Les fleurs sont bleu pâle et la corolle divisée en 5 lobes étroits. Cette espèce compte parmi les plantes de rocaille sans exigences qui viennent bien. On la multiplie par division ou par semis. Elle fleurit entre mai et juillet.

Globularia incanescens

Plantes pour sites très ensoleillés

Ce sont des plantes rampantes cultivées en sol calcaire, pierreux et bien drainé ; on peut les recommander pour la bordure des bacs et des vasques.

Campanula kemulariae

Originaire de Transcaucasie, cette campanule rampante est sans exigences. Ses feuilles sont grossièrement crénelées. Les tiges feuillues ont 15 à 20 voire 30 cm de long. Les fleurs bleu pourpré forment une inflorescence. Elle a tendance à se propager vigoureusement mais il n'est pas difficile de la maintenir dans les limites voulues. On la multiplie par semis ou par division et elle fleurit en juin et juillet.

Alyssum repens

Cette espèce est originaire des montagnes des Balkans et de Transcaucasie, où elle pousse sur les pentes pierreuses calcaires, dans les prairies alpines rases et dans les éboulis. Elle a des fleurs jaune d'or. Le fruit, une silicule, est plus court que le pédoncule. Cette alysse se multiplie facilement par semis. C'est une plante sans exigences qui vient bien et fleurit abondamment en mai et juin ; une seconde floraison se produit en automne.

Campanula kemulariae

Alyssum repens

Gypsophila repens

Gypsophila repens

La Gypsophile rampante

Elle pousse avec profusion sur roches et éboulis ensoleillés, en général calcaires, dans les Pyrénées, les Alpes et les Carpates. Elle a un rhizome ligneux, des tiges couchées et redressées, mesurant souvent plus de 25 cm de long. Les feuilles sont étroites, glabres, vert-gris, à nervure unique et les fleurs roses ou blanches, sans pseudo-corolle, disposées en cyme plus ou moins fournie. Cette plante produit un bel effet, surtout quand elle peut pendre, produisant ainsi une cascade de petites fleurs. Cette gypsophile se multiplie par semis ou par boutures et fleurit de juin à septembre.

***Alyssum repens** a des tiges feuillues, couchées à ascendantes, de 30 à 40 cm de haut, devenant ligneuses à la base.*

Plantes pour travertin

Elles conviennent particulièrement pour une culture sur travertin en plein soleil.

Dianthus 'Feliciae'

Les œillets se croisent aisément et constituent donc d'intéressants sujets pour de nombreux horticulteurs. Les résultats des croisements se sont pas seulement les œillets à grandes fleurs des fleuristes mais aussi certains cultivars minuscules, formant des coussins et convenant même pour les bacs et jardinières. *Dianthus* 'Feliciae' est l'un de ceux-ci. Les œillets se multiplient facilement par semis mais étant donné leur propension à l'hybridation, il est nécessaire de les multiplier par division ou par boutures si vous voulez conserver certaines caractéristiques.

Saxifraga cochlearis

Cette saxifrage pousse dans les Alpes, de l'étage montagnard à l'étage subalpin, dans les fissures parmi les roches calcaires. Elle est de taille et de forme très variables. Grâce à ses rosettes de feuilles, elle s'étale en coussins hémisphériques. Les feuilles entières, spatulées, présentent de nombreuses écailles calciques sur les bords ; les tiges dressées, de 20 à 25 cm de haut, brun rougeâtre, à poils glanduleux, portent des fleurs blanches. *S. cochlearis* 'Minor' est beaucoup plus petite et convient donc

Dianthus *'Feliciae'* *à fleurs doubles, rose foncé, n'a que 5 à 8 cm de haut.*

Saxifraga cochlearis

Erysimum linearifolium

mieux pour les petites vasques. Ses minuscules rosettes de feuilles forment des coussinets ayant à peine 12 cm de diamètre; la tige mesure 10 cm. Elle fleurit entre mai et juillet.

Erysimum linearifolium

Cet érysimon est originaire des Balkans. Il a des feuilles étroites, disposées en petites rosettes basales, grâce auxquelles il s'étale en coussins plats, vert foncé, d'environ 2 cm d'épaisseur. Les tiges feuillues, dressées, sont très courtes au début de la floraison; quand le fruit se forme, elles s'allongent d'environ 12 cm et des touffes de feuilles poussent à l'aisselle des feuilles. Les fleurs sont jaunes. Cette plante se multiplie par semis, par division ou par séparation des pousses à l'aisselle des feuilles qui prendront facilement racine. C'est une minuscule plante de rocaille, très jolie, sans exigences, qui fleurit en juillet et août.

L'espèce voisine *E. pumilum* a des fleurs plus grandes et ne présente pas de touffes de feuilles à l'aisselle des feuilles.

Ce sont des plantes idéales pour le travertin exposé en plein soleil. Elles fleurissent en été.

Edraiantus pumilio

(Campanula pumilio, Wahlenbergia pumilio)

Cette plante pousse en Dalmatie sur roches calcaires chauffées par le soleil, dans les fissures de rochers et dans les éboulis de l'étage alpin. Elle mesure 4 à 6 cm de haut et a des feuilles comme des aiguilles, vert-gris, à court duvet blanc et disposées en rosette basale dense. Cette espèce se multiplie par semis en février et se ressème spontanément, surtout sur du travertin. Comme elle possède une racine pivotante, il est assez difficile de déplacer de vieux plants. Elle fleurit en juin et juillet.

E. serpylifolius et *E. dinaricus* sont des espèces similaires, à fleurs solitaires. *E. graminifolius (Campanula graminifolia, Wahlenbergia graminifolia)*; il a des feuilles étroites lancéolées d'environ 10 cm de long, et des tiges velues de 10 à 15 voire 20 cm, couchées, à extrémité redressée portant une tête de 4 à 6 clochettes. Celles-ci sont bleu pourpré et velues à l'intérieur. L'espèce voisine *E. tenuifolius* a 6 à 15 fleurs, *E. dalmaticus* 2 à 5 fleurs, *E. serbicus* 6 à 12 fleurs et *E. caricinus* 1 à 4 fleurs. Toutes proviennent d'Europe méridionale et fleurissent de juin à août.

Le genre *Edraianthus* est très proche du genre *Campanula* (les vraies campanules) mais il existe une différence dans la capsule : chez les campanules, celle-ci s'ouvre latéralement ou en bas, chez les édraianthus, elle s'ouvre irrégulièrement au sommet.

Edraianthus pumilio

Edraiantus graminifolius

Alyssum propinguum

Alyssum propinguum

Cette alysse compte parmi les plus petites espèces du genre et c'est un excellent sujet même pour de petites vasques. Elle a de minuscules feuilles vert-gris couvertes de poils étoilés, et de petites fleurs jaunes. Originaire de la chaîne de l'Ala-Dag en Turquie, elle pousse dans des crevasses et des pierriers sur roches calcaires. Elle fleurit bien sur travertin. On la multiplie par semis ou par boutures.

Alyssum propinguum ***s'étale en petits coussins.***

Les saxifrages *(Saxifragas)* constituent un genre riche divisé en 15 groupes (14 selon certains spécialistes). Pour les amateurs de rocaille, le plus important est le groupe *Porophyllum* (autrefois *Kabschia*), qui comprend les plus belles plantes alpines originaires des hautes montagnes du sud de l'Europe et du centre de l'Eurasie, où on les rencontre le plus souvent dans les crevasses de rochers, dans des conditions climatiques parfois extrêmes, généralement sur calcaire ou dolomite.

Outre les espèces botaniques, un grand nombre d'excellents cultivars ont été créés. Ils sont persistants et leurs rosettes de feuilles ne meurent pas après la floraison. Ces plantes sans exigences s'étalent en grands tapis bas, vert foncé. Les plus fragiles forment des coussinets denses, compacts, à grandes fleurs individuelles ou à petites fleurs très nombreuses. Mais même en dehors de la période de floraison, les coussins de feuilles sont très décoratifs dans une rocaille.

Le meilleur emplacement est un endroit à l'est ou au sud-est. Il faut les planter dans des fissures entre les pierres et recouvrir le sol autour du pied d'une couche de 1 cm de fin gravier. Elles aiment le travertin, dans lequel vous percerez des trous pour les y placer. Le substrat conseillé est un mélange de tourbe, de terreau de feuilles et d'argile, additionné de gravillons, dans la proportion 1:1. Les *Porophyllums* souffrent d'une trop grande humidité et d'une trop grande sécheresse. Il leur faut un substrat plus sec pendant la période de repos et il convient de les protéger en hiver.

Pendant la période de végétation en revanche, ils ont besoin d'une hygrométrie plus forte, du sol

Saxifraga *'Jan Amos Komensky'*

Saxifraga *'Jaroslav Horny'*

Saxifraga *'Karel Čapek'*

et de l'air, surtout au printemps, et de beaucoup de soleil ; suffisamment arrosés ils supporteront même le soleil de midi. On les multiplie par semis, les graines germant après avoir été exposées au gel, et par bouture des rosettes de feuilles ; la division (au printemps ou en automne) est moins conseillée. La floraison a généralement lieu en mars et avril.

Le cultivar 'Karel Čapek' forme des coussins denses ; les feuilles sont linéaires lancéolées, grisâtres, les rosettes sont régulières, dures, et la tige feuillue, rose pourpre, porte une seule fleur. Les fleurs sont régulières, grandes, les pétales s'imbriquent nettement ; ils sont entiers, roses, lavés d'une teinte plus sombre à la base et veinés de pourpre.

'Jan Amos Komensky' forme des coussins relativement petits. Cette saxifrage a d'assez longues feuilles linéaires vertes, disposées en rosettes plates. La tige est brunâtre, velue et feuillue, les fleurs sont légèrement cupuliformes à plates. La corolle pâlit avec l'âge.

'Jaroslav Horny' est un cultivar à croissance lente. Ses feuilles sont luisantes, vert pâle, la tige est épaisse et les fleurs blanches sont disposées en corymbe ; les lobes de la corolle présentent de minuscules dents à l'extrémité et se touchent. Ce cultivar nécessite beaucoup d'attention et n'est pas facile à multiplier.

Glossaire

Akène : fruit sec qui ne s'ouvre pas tout seul.

Aoûté : se dit d'une pousse dont la lignification est déjà bien avancée.

Corymbe : inflorescence où les fleurs sont sur le même plan car leurs pédoncules sont de plus en plus courts.

Cyme : inflorescence composée d'un axe principal terminé par une fleur et d'axes secondaires ramifiés ou non.

Déhiscent : qui s'ouvre tout seul pour libérer les graines.

Follicule : fruit en capsule.

Humifère : se dit d'un sol riche en humus.

Infundibuliforme : en forme d'entonnoir.

Lacinié : divisé en lanières.

Lagéniforme : en forme de bouteille.

Panicule : inflorescence en grappe constituée de nombreuses fleurs en épi.

Pentamère : constitué de cinq éléments.

Périanthe : ensemble des éléments floraux (sépales et pétales).

Perlite : matériau issu de roches, déshydraté et sous forme de granulés. Peut être remplacé par de la vermiculite.

Racème : synonyme de grappe.

Rotacé : en forme de roue.

Sessile : dépourvu de pédoncule ou de pétiole.

Tétramère : constitué de quatre éléments.

Trimère : constitué de trois éléments.

Verticille : feuilles ou fleurs groupées sur un même plan autour d'une tige.

Index